AVANT QU'IL NE SOIT TROP TARD

PHILIPPE DE VILLIERS

AVANT QU'IL NE SOIT TROP TARD

Albin Michel

22, rue Huyghens, 75014 Paris

ISBN 2-226-06159-2

SOMMAIRE

AVANT-PROPOS

Ce n'est pas un livre d'*opposition,* mais de *proposition.* Assez critiqué... maintenant il faut recoudre...

Depuis trois mois, j'ai mené une enquête sur le chômage, auprès de la *société civile,* hors des sentiers habituels du psittacisme politique où l'on répète le plus souvent ce qu'on a entendu.

Dans les médias, je me suis tu.

Je suis allé à la source de l'information. Là où sont les gens qui créent ou qui naufragent ; là où sont les chiffres et les données incontestables. J'ai rencontré, avant d'écrire, de nombreux chefs d'entreprise dans toute la France, des dizaines d'experts, d'économistes, de syndicalistes, d'associations d'entraide et de Rmistes...

J'ai beaucoup écouté, noté, gommé. Je remercie tout particulièrement les experts de « Combat pour les Valeurs », qui m'ont guidé dans mes contacts et dans mes recherches, me donnant accès aux dossiers les plus pointus concernant le chômage.

Je me suis souvenu, tout au long de ce grand voyage en terre de détresse, voyant notre pays mourir à lui-même, d'une recommandation d'un chef d'entreprise qui m'a aidé à creuser le sillon : « N'oubliez jamais que l'économie est une affaire d'hommes, qu'elle aussi repose avant tout sur des valeurs, et que, si le monde va très mal, c'est qu'on a oublié *l'homme*. Faites donc quelque chose d'humain... »

D'autres, de toutes les générations, de toutes les tendances, ont fait, à leur manière, le même effort. Chacun en a ramené sa moisson. Je leur dédie ce livre, en espérant qu'entre les fanfreluches des espaces médiatiques, il puisse y avoir ainsi une petite place pour un grand débat.

INTRODUCTION

Le chômage n'est pas une fatalité

Combien faudra-t-il de chômeurs supplémentaires pour que le chômage ne soit plus reçu par les hommes politiques comme une fatalité ?

Faudra-t-il attendre que nos chaînes de télévision filment en direct le déménagement de la dernière usine de France en Asie du Sud-Est pour qu'on choisisse enfin de *réformer* le GATT plutôt que de *fermer* la toute dernière entreprise de main-d'œuvre ?

Fatalité... Fatalisme. Haussement d'épaule et aveu d'impuissance. Ce qui, dans l'esprit public, a succédé au socialisme, c'est le fatalisme. C'est-à-dire l'idéologie de l'inéluctable, le sentiment largement diffusé de l'irréversible : personne n'y peut rien. Il faut *apprendre à vivre avec* trois millions de chômeurs. *Apprendre à vivre avec* l'insécurité. *Apprendre à vivre avec* la drogue, le sida. *Apprendre à vivre avec* la corruption... *Phénomènes de notre temps,* nous dit-on. Pour lesquels les gens croient désormais que les hommes politiques ne peuvent plus rien du tout. Amnistie, exonération pour tout le monde. Par impuissance ou par incompétence putative.

Combien faudra-t-il ainsi de Français désabusés, de drames de famille étouffés par la pudeur, de couples brisés, de générations broyées, pour qu'enfin la société se reprenne et que nous chassions en nous ce sentiment de l'absurde qui charge de méfiance et de mépris tant de regards désespérés ?

La France est au bord du gouffre. Le chômage qui rôde dans chaque famille brise les derniers liens et ouvre sur toutes nos béances et nos vertiges ultimes. Comme un signe au-dessus du vide. Le signe de la chute, dans un pays qui ne croit plus en ses chefs, inculpés ou en Haute Cour ; qui ne croit plus en ses enfants et qui d'ailleurs n'en fait plus, qui ne croit plus en son destin et qui d'ailleurs n'en veut plus de singulier ; qui ne croit plus en ses médecins, ses professeurs, ses magistrats, et dont tous les métiers à magistère sont eux-mêmes corrodés par le doute.

« *Tu seras chômeur, mon fils.* » Chômeur et écolo, pourfendeur de béton, protecteur de mésanges, dans une société sans travail, sans ambition, sans relation, sauf pour ceux qui acceptent encore l'asphyxie dans les alvéoles de banlieues, *calibrés* qu'ils sont pour la performance, comme les abricots d'Espagne sont eux-mêmes *calibrés* par une directive de Bruxelles pour les cageots qui partent sur le marché.

Nous sommes au bord d'une explosion ; ou d'une implosion. L'implosion est le signe d'une sortie en douceur, d'une société qui s'en va lentement et disparaît dans un trou noir. Adieu la vie, puisqu'il n'y a plus d'espoir.

L'explosion voudrait dire au contraire la colère, le cri de la colère, le sursaut de l'indignation, la détonation de l'enthousiasme et de la déception quand on croit encore à des jours meilleurs.

Jusqu'où faudra-t-il descendre pour que, malgré

tout, l'espoir renaisse dans le cœur de ces générations entières de jeunes gens découragés qui campent aux portes de la Cité ?

Tous les jours, des villages de France meurent. Et on nous explique que c'est la rançon du *progrès*. Mais de quel *progrès* s'agit-il ? de quel *progrès* veut-on parler quand la France a franchi officiellement le cap des trois millions de sans-emploi et flirte aujourd'hui avec les cinq millions de sans-travail, si l'on veut bien compter toutes les formes de chômage requalifié par l'Administration ?

En effet, la seule invention des hommes politiques au pouvoir aura été d'ordre statistique. *Pour mentir vrai. Mentir* avec de *vrais* chiffres. La situation est plus grave qu'il n'y paraît : le taux de chômage de la France, qui est de 10,4 % selon la méthode de calcul du Bureau international du Travail, est très supérieur à la moyenne des grands pays de l'OCDE, qui est de 7,5 % (1). Il correspond à un nombre de 2 934 000 demandeurs d'emploi, selon la définition du ministère du Travail.

Mais en réalité, le chiffre est beaucoup plus élevé : en 1991, le ministère du Travail avouait l'existence de 1 654 000 chômeurs en « traitement social » (stagiaires, titulaires de contrats emploi-solidarité, pré-retraités, etc.). En ce printemps 1993, ce chiffre approche 1,8 million. En effet, dès novembre 1992, le ministère déclarait que les bénéficiaires des « contrats emploi-solidarité » étaient au nombre de 314 000, en progression de 80 000 par rapport à l'année précédente (2).

A l'heure qu'il est, la France ne compte pas

(1) Source : Office statistique des Communautés européennes.
(2) *Le Monde*, 30 novembre 1992.

moins de 4 800 000 chômeurs, sous appellation officielle ou déguisée. C'est dire que le taux de chômage réel n'est pas de 10 % mais qu'il dépasse la barre des 17 %.

Encore ce chiffre astronomique ne peut-il retenir les scolarités artificiellement prolongées ou même les demandeurs d'emploi potentiels qui, découragés par avance à l'idée de la porte close sur un marché saturé, ne prennent même plus la peine de formuler leur demande.

On en vient à penser que la vague qui se forme et se gonfle fait partie du paysage. Tout s'oublie, même les promesses les plus solennelles. Qui se souvient encore de ce grand reposoir en eurovision, entre le Panthéon et la Bastille, où, la rose au poing, progressant sous l'orage, François Mitterrand mesurait son pas dévot sur le tapis rouge du peuple de gauche, égrenant avec componction le nombre des *victimes de la crise,* victimes de la droite ? Le nombre des demandeurs d'emploi s'élevait alors à 1 465 000. C'était déjà beaucoup. François Mitterrand, annonçant l'éclaircie, avait promis de ramener ce chiffre au-dessous du million, et avait prévenu les Français qu' « avec la politique Giscard-Barre, il y aurait 2,5 millions de demandeurs d'emploi en 1985 ».

Nous voilà bien loin du compte. Si loin que la classe politique est parfois tentée d'entonner presque en chœur : « N'écoutez pas les marchands d'illusions », « le chômage frappe toutes les sociétés développées », « non possumus », « on va vous indemniser ». Comme des assureurs ponctuels et généreux.

En d'autres termes, la nomenclature qui nous gouverne depuis si longtemps a réussi un tour de force : elle a utilisé, à son profit, le langage de ses adversaires pour les persuader que le développement, gagé sur l'effort de productivité, impliquait, dans l'enchaînement nécessaire du *progrès,* la mise à l'écart d'un grand nombre de nos travailleurs. Sensible aux accents *économistes* de ce raisonnement, qui fleure bon la compétence et la rigueur, une partie des libéraux s'y est laissée prendre, sans doute secrètement soulagée de se sentir dédouanée pour l'avenir par l'échec des socialistes.

Or, il s'agit là, même si elle est largement partagée aujourd'hui, d'une imposture. Et même d'une double imposture : d'abord parce qu'on ne pourra pas continuer longtemps à dire que « *les fondamentaux de l'économie française* sont bons », quand notre pays est à ce point gangrené par le chômage, sauf à vouloir nous faire tous mourir en bonne santé. Qu'importe que le *franc* soit fort à *Francfort* si les tiroirs-caisses sont vides et qu'on ne rend plus la monnaie en Franche-Comté, parce que les commerçants ferment, que les artisans ne peuvent plus investir, que les emprunts sont trop chers, qu'il est devenu, somme toute, plus avantageux de faire de *l'argent* avec *son argent* plutôt qu'avec son travail. Scandaleuse inversion des valeurs.

Deuxième imposture : le chômage serait donc une fatalité. Ainsi entend-on développer, au nom d'un bien-être à venir aux calendes maastrichiennes, une théorie nouvelle, incorporant à la fois l'échec des gouvernants et la peur des prétendants, et qu'on pourrait appeler la « théorie du chômage inévitable », la théorie du déclin accepté, quand un peuple ne supporte plus ni ses maux ni leurs remèdes.

⁂

Le chômage n'est pas une fatalité. Mais si nous voulons, demain, sortir des années noires, et remettre la France sur le chemin de la *société d'emplois*, il nous faudra non seulement beaucoup d'énergie, mais sans doute aussi *une vision neuve de l'économie et de la société*, en sortant mentalement des schémas des années soixante qui imprègnent encore l'esprit du temps.

Le chômage résulte de trois **dérèglements** majeurs :

— D'abord, d'un *dérèglement mondial* : l'application dogmatique d'un libre-échangisme à œillères, qui ne considère que les prix des produits échangés en *termes monétaires*, mais qui ne tient aucun compte des coûts sociaux et des déséquilibres de plus en plus dangereux du système mondial : le paysan quitte sa terre, avec ses quatre enfants. La famille s'entasse en banlieue. A-t-on calculé le *coût social* des hôpitaux qu'on agrandit, des écoles qu'on ferme, le coût de la désertification là-bas, de la surconcentration vécue ici comme une tumeur tragique ?

Quand on n'intègre pas les coûts sociaux, on a tout lieu de se tromper dans ses calculs. A ce compte-là, il y aura de plus en plus de *productivité comptable* et de plus en plus de *chômeurs*.

— Le chômage résulte aussi d'un *dérèglement bruxellois* : l'abandon de la *préférence communautaire* par la technocratie des commissionnaires, au moment même où est conçu le projet de construire un *super-État* redistributeur. Le résultat est double : une pompe à finance de plus en plus gourmande plaquée sur une Europe-passoire et qui se vide de ses forces vives. A ce compte-là, il y aura de plus en plus de *redistribution*, de plus en plus de friches industrielles et de friches rurales.

— Le chômage résulte enfin d'un *dérèglement étatique*, entraînant un véritable *parasitage de l'emploi* par les prélèvements obligatoires et par un système public pléthorique. Je le mesure tous les jours dans mon département : peu à peu s'est mise en place en France une économie d'administration, au détriment de l'économie de création et de production, développant, largement sur fonds publics, une « *économie palliative* » plutôt qu'une économie d'initiative et de responsabilité. La tentation est grande en effet, face à cet immense drame social où toutes les familles de France sont aujourd'hui plongées, de céder au *discours palliatif*, qui consiste finalement à renoncer à la création d'entreprises et d'emplois, en installant peu à peu, à côté du *secteur secondaire* vidé de sa substance et de sa matière grise par les quatre Dragons de l'Asie, à côté du *secteur tertiaire* lui-même érodé par la productivité croissante des services, une sorte de *secteur quaternaire* où se retrouveraient, plus ou moins sustentées par la puissance publique, « toutes les victimes de la crise » : le chômeur devient « Rmiste », pris en charge par une « association intermédiaire » chargée de la réinsertion, qui elle-même ouvre deux puis dix postes de permanents, ce qui a pour résultat de faire exploser les crédits sociaux consacrés au RMI, avec une augmentation de l'ordre de 11 % par an. Autre exemple : avec l'éclatement des familles, il faut créer toujours davantage de postes de « travailleurs sociaux » pour panser les plaies, s'occuper des enfants, des anciens, etc. Peu à peu, la ponction sur la valeur ajoutée s'alourdit jusqu'au point d'irréversibilité.

Et c'est ainsi que se met en place tout un monde *para-administratif*, où l'énergie sociale et affective de générations entières, brûlant de générosité, est largement utilisée à fabriquer des ambulances de fortune pour soigner les blessés de l'économie. Il y aura bientôt plus de gens qui secourent que de gens qui créent. Il y aura bientôt plus de Restaurants du Cœur que de restaurants tout court, plus de chiffonniers d'Emmaüs que d'entreprises de tissus, plus d'assistantes maternelles que de mères de quatre enfants.

La solidarité des uns envers les autres est indispensable. C'est aussi le rôle de la puissance publique que de l'organiser et de l'entretenir. Mais on ne dira jamais assez que la première des *générosités* consiste à créer des emplois, c'est-à-dire des entreprises. S'il y a davantage d'entreprises, il y aura davantage d'emplois, et donc moins de pauvres, et moins de misère.

Nous avons aujourd'hui deux devoirs impérieux :

— **soulager la misère,** en multipliant les relais de l'entraide. C'est la générosité d'aval, qui va vers *les pauvres*.

— **remettre en état de marche** la machine à créer des emplois, justement pour faire reculer la misère. C'est la générosité d'amont, qui soigne la *pauvreté*.

Le Président de la République, dans sa conférence de presse du 9 novembre 1992, nous a recommandé d'attendre, avec patience, la *reprise* de la croissance.

Or, la *reprise* de la croissance ne servira à rien

tant que ces trois dérèglements, mondial, européen, national, ne seront pas traités, tant que ces trois hypothèques ne seront pas levées.

Si nous n'osons pas intervenir simultanément dans ces trois domaines à la fois, l'hémorragie continuera et nous subirons de grandes catastrophes : la délocalisation progressive de toutes nos industries de main-d'œuvre, la fin de notre agriculture, et même le déclin de notre secteur tertiaire ; en effet, lorsque la main-d'œuvre industrielle descend au-dessous d'un point critique — où nous sommes dorénavant — la main-d'œuvre des services commence à diminuer, et c'est l'amorce d'une crise plus profonde : quand le tissu secondaire s'étiole, le tissu tertiaire s'effiloche ; quand l'usine de chemises ferme auprès du bourg, les volets du café de la Poste ferment à leur tour. Alors la partie de belote ne se joue plus à Treize-Vents, mais elle se joue à Hong Kong, si tant est que là-bas on se donne encore le temps de jouer à la belote.

La France, exténuée, ne serait plus, bientôt, qu'une carcasse hexagonale surmontée d'une pancarte : « fermée pour cause de *délocalisation* ». Si nous ne brisons pas les tabous dont le respect sacral nous a conduits là où nous sommes, nous glisserons doucement sur la pente des six millions de chômeurs ; nous irons vers l'euthanasie du « partage du travail », c'est-à-dire vers une forme de gestion sophistiquée de la pénurie. Puis, à bout de forces financières, nous assisterons impuissants à l'installation progressive d'une « *société duale* », la vraie société duale, celle qui sauve un minimum de bien-être des uns, au prix de l'enfermement des autres dans la misère. Et, à ce moment-là, comme pour justifier cet apartheid civique et social entre les nantis et les décramponnés, entre les chanceux et les déclassés qui glissent au fossé en tendant les doigts gourds vers la Main de justice, on nous dira peut-être : « C'est le prix à payer pour sauver le système. »

Ce scénario-catastrophe est, hélas, vraisemblable. Et inacceptable. Car il est l'expression d'une déchirure dans la trame même de notre civilisation : chacun doit pouvoir travailler, pour exercer sa responsabilité de personne humaine et faire vivre honnêtement sa famille. Le chemin de la modernité ne peut s'écarter impunément du chemin de la dignité humaine. Il y a péril en la demeure. Le travail manque et la file d'attente s'allonge.

Les socialistes, qui ont tout essayé de ce qu'ils savaient faire, lèvent les bras au ciel : « Là où nous avons échoué, qui donc prétendrait détenir les clés de la réussite ? » Et les techniciens, affolés, qui ont des oreilles pour entendre *à gauche*, baissent les bras et discrètement jettent leurs clés. Les économistes, rendus prudents par l'expérience, s'abstiennent de tout conseil, de tout remède autre que statistique. Plus à l'aise pour découper les poulets sacrés que pour prévoir l'avenir, ils cherchent refuge à Maastricht, et se reconvertissent à la hâte dans la prédiction millénariste puisque, à la fin du siècle, la rédemption de la *monnaie unique* viendra guérir tous nos maux. Ils regardent à l'Ouest, vers l'Amérique, du côté de chez Clinton, d'où se lèveront, paraît-il, les vents de la reprise. A droite, on bricole de vagues plates-formes de pompiers volants où, déjà, sont juchés sur leurs ergots quelques Red Ader du Pauvre, portefeuille entre les dents, lances à incendie offertes *à la main invisible* du marché.

Si nous voulons sortir de la crise actuelle, il nous

faut dès maintenant remettre en question quelques principes tabous.

A tissu social déchiré, révision déchirante. Oui, il faut procéder à des révisions déchirantes de nos conceptions de l'économie et de la société : le libre-échange universel est-il possible sans de profonds dérèglements, dans un monde inégal où tous les pays ne jouent pas avec les *mêmes règles* du jeu ? L'État, qui dans un premier temps favorise le développement du marché, ne devient-il pas, au-delà d'un certain seuil de prélèvement, un véritable handicap pour la croissance et l'emploi ? Peut-on croire encore aujourd'hui que le progrès continu passe par la « tertiarisation » indéfinie, avec un chômage croissant des paysans et des ouvriers, dont on sait bien qu'ils ne pourront jamais se reconvertir en informaticiens ?

L'économie de l'information va-t-elle vraiment nous affranchir de « l'économie de la matière » ? L'immatériel transfrontalier doit-il nécessairement abolir l'espace de solidarité que constitue la Nation ? Questions graves.

Il faut agir à bon escient. Et vite. Car la fracture qui s'ouvre dans notre pays touche à la conscience nationale. A quoi servirait-il de se dire encore français si on se sait exclu dans son propre pays, comme exilé de l'intérieur ? Il est urgent de réduire cette fracture. Avant qu'il ne soit trop tard.

1

Pour un nouvel ordre mondial de l'emploi

La Vendée et le Choletais ont de la chance. Les surgeons des « Trente Glorieuses » ont été si nombreux et si denses qu'on y dénombre aujourd'hui *une* entreprise industrielle pour *seize* habitants. C'est, paraît-il, un *taux japonais*. Dans ce pays de granit et de bocage qui a souffert il y a deux siècles une véritable hécatombe, la souffrance a été sublimée. Les descendants des soldats en sabots ont vécu cette curieuse parabole de la réussite : le grand-père *paysan*, le père *artisan* cordonnier, le fils *industriel* de la chaussure.

Aujourd'hui que vient le temps du petit-fils, c'est l'angoisse. Je me souviens de cette lettre écrite par certains d'entre eux, remarquables par leur dynamisme, à Élisabeth Guigou, ministre des Affaires européennes. Leur cri d'alarme, resté sans réponse depuis l'automne 1992, souligne le fossé d'incompréhension entre les soldats de la guerre économique, qui se battent sur le terrain, et les grands commis, gorgés de théories, qui assènent les raisonnements les plus abstraits. Voici l'essentiel de cette lettre :

Madame le Ministre,

Notre entreprise, située dans le Choletais, fabrique des chaussures d'intérieur et articles chaussants, principalement vendus en Europe. C'est vous dire si (...) nous apprécions la libre circulation des biens et des personnes à l'intérieur de notre continent.

Cependant, et cela peut paraître paradoxal, nous sommes très préoccupés par l'Europe de demain.

Tous les grands pays : États-Unis — Canada — Japon ont mis en place à leurs frontières des systèmes permettant de réguler en partie leurs importations, que ce soit sous forme de quotas ou de fortes taxes douanières.

Et pendant ce temps, les Européens, qui ne peuvent se mettre d'accord, restent passifs, et les frontières communautaires deviennent de vraies passoires. Ces frontières communautaires sont ouvertes aux produits manufacturés en provenance de Chine, du Vietnam, d'Indonésie, etc. Ces pays dont le salaire horaire avoisine les 0,20 F, ces pays dans lesquels on n'hésite pas à faire travailler des enfants de 10 ans, 10 heures par jour, 6 jours par semaine.

La grande Europe sociale délocalise l'exploitation humaine en Extrême-Orient.

Depuis deux ans, nous avons créé une centaine d'emplois. Mais au rythme actuel de ces importations sauvages, il nous faudra envisager un « amaigrissement » sérieux dans les proches années qui viennent, et d'autres à suivre.

Madame le Ministre, nous ne pouvons qu'être favorables à l'Europe de la préférence communautaire, mais nous ne pouvons aussi qu'être hostiles à une Europe passoire.

Nous vous prions d'agréer, Madame le Ministre, l'expression de notre très haute considération.

Daniel HUMEAU
René HUMEAU

Nul ne peut rester insensible aux effets ravageurs d'une concurrence inégale, venant surtout des pays à bas salaires. Mais en même temps nul ne peut nier les avantages de ce qu'on appelle désormais la « globalisation » de l'économie mondiale, l'interconnection des différents points de la planète par les flux d'informations, de capitaux, de biens et de services : grâce à l'aiguillon plus vif de la concurrence, l'organisation de la production, ainsi bousculée dans ses habitudes et poussée à une plus grande rigueur, en reçoit une nouvelle impulsion. Les experts ajoutent que cette ouverture favorise au niveau mondial une meilleure allocation des ressources, bénéfique pour tout le monde, et d'abord pour les consommateurs.

Où est la vérité ? La lettre des frères Humeau ne montre-t-elle qu'une manifestation de désespoir d'industries condamnées par les progrès de la « *rationalité* » ? On pense aux éleveurs de chevaux au moment de l'apparition des premiers tracteurs. Condamnés certes, mais par le progrès. Aujourd'hui, pourtant, où sont ledit *progrès* et ladite *rationalité*, lorsque le taux de chômage officiel dépasse 17 % des actifs, sans que l'on puisse prévoir où s'arrêtera son empire, puisque même une reprise modérée de la croissance, semble-t-il, ne le freinerait plus ? Supposons un instant que nos prévisions rassurantes sur l'ouverture internationale soient excessives, et que dans la chaîne du raisonnement se soit introduit un virus qui rende notre démonstration séduisante et erronée... Quelle responsabilité ne serait pas la nôtre, alors, d'avoir toléré tant de souffrances au nom d'idées fausses !

Comment l'échange est-il faussé ?

Que se passe-t-il sur le terrain ? Depuis la dernière guerre, nous avons progressivement ouvert nos frontières sur l'Europe, c'est-à-dire sur des pays aux normes à peu près équivalentes aux nôtres. La concurrence prenait du champ, mais restait équitable. Tout le monde en profitait.

C'est depuis vingt ans seulement qu'on est passé du cabotage européen au grand large, que la concurrence s'est élargie au monde entier ; c'est depuis vingt ans que l'échange est faussé sur plusieurs points essentiels : on trouve en effet sur le marché mondial des *coûts salariaux* très faibles (trente-cinq fois inférieurs aux nôtres en Chine !), des *conditions de travail* mauvaises, des marchés nationaux sournoisement *protégés*, alors même que la Communauté européenne s'ouvre et s'offre avec candeur à cette concurrence inégale, et que la France, s'engouffrant pour être au premier rang, applique avec le scrupule d'un premier de classe les règlements de Bruxelles.

Le Japon, singulièrement, joue sur tous les tableaux : ses *coûts* salariaux ne sont que de 20 % inférieurs aux nôtres, mais il utilise la main-d'œuvre meilleur marché des pays voisins ; beaucoup d'entreprises japonaises, par exemple, montent une grande partie de leurs matériels en Chine populaire. Simultanément, le Japon *protège* son marché. Michel Drancourt, qui n'est pas suspect d'antilibéralisme primaire, le déplorait il y a peu de temps, en expliquant que les comportements quotidiens y sont ceux de la préférence nationale, que toute l'organisation du système de distribution constitue un frein à l'importation, et que le riz lui-même doit être nécessairement protégé, puisqu'il est « sacré » (1).

Le résultat se lit clairement dans les chiffres d'exportations de produits manufacturés : depuis 1973, l'Europe a vu ses parts du marché mondial tomber de 18 à 14 %, et les États-Unis de 13 à 11. Mais dans le même temps, le Japon est passé de 10 à 12, et surtout les « Quatre dragons » — Corée, Taiwan, Hong Kong, Singapour — ont bondi de 4 à 10 %.

Ces chiffres globaux recouvrent des situations véritablement désastreuses dans certains secteurs. Par exemple, l'industrie française de l'habillement, qui figure parmi les plus compétitives du point de vue technique — elle enregistre un excédent commercial de 2 milliards de francs par an vis-à-vis de l'Allemagne — subit en revanche un déficit de 28 milliards avec le reste du monde. Pourquoi ? Les industriels vendéens auxquels j'ai posé la question m'ont répondu très simplement : à cause de la concurrence *déloyale*, tenant d'une part aux *bas salaires* du Sud-Est asiatique, et d'autre part à la *protection* des marchés étrangers, y compris d'ailleurs ceux de la vertueuse Amérique. Les droits de douane textiles qui sont levés aux frontières de la Communauté tournent autour de 11 %, sans jamais dépasser 14. Ceux des États-Unis s'élèvent en moyenne à 19,5 %, avec des pics à 40 % sur les créneaux où ils se sentent gênés.

Klaus Steilmann, président de l'association européenne des grandes industries du textile et de

(1) Michel Drancourt, « Le chat japonais et le coq français », *Le Quotidien de Paris,* 26 novembre 1992.

l'habillement, annonçait récemment que son secteur allait perdre 200 à 300 000 emplois en deux ans, c'est-à-dire en 1992 et 1993. Cette perspective n'émeut guère la Commission, qui a non seulement accepté, mais aussi anticipé les mesures d'ouverture de l'Uruguay Round. Ce n'est pas véritablement une surprise, écrit Klaus Steilmann : « Chacun connaît la tendance du fonctionnariat bruxellois à donner des gages de bonne volonté aux pays exportateurs, et à préférer financer de coûteuses mesures internes d'ajustement, plutôt que de porter ses efforts sur la normalisation du commerce mondial du textile (1). »

Dans un domaine bien différent, celui de l'électronique, le groupe de stratégie industrielle piloté par Jacques Maillet, P-DG d'Intertechnique, vient de remettre au Commissariat au Plan un rapport aux conclusions similaires. Il constate que l'électronique européenne se trouve au bord du désastre. Le déficit de cette industrie, qui commande toute notre culture, s'accroît d'année en année : de 6 milliards de francs en 1984, puis 10 en 86, il est passé à 50 aujourd'hui, et pourrait bien plonger à 100 dans de brefs délais. Pour la première fois, l'informatique, ce secteur-modèle du développement moderne, perd en France des emplois.

Il faut d'abord incriminer, dit le groupe, « des handicaps structurels majeurs et durables, qui pénalisent la compétitivité industrielle de l'Europe », aux premiers rangs desquels « le différentiel social avec les pays asiatiques » sans oublier « les distorsions de concurrence » qui résultent de la protection du marché américain et de la « clôture

(1) « Le textile trahi par Bruxelles », *Le Monde,* 8 septembre 1992.

hermétique » du marché japonais. L'Europe, bien entendu, porte sa part de responsabilité dans cet échec, surtout à cause de l'absence de cohésion entre les acteurs, industriels et distributeurs, producteurs et diffuseurs de programmes. Elle doit donc s'organiser elle-même, lancer de grands projets fédérateurs, mais elle doit d'abord adopter une *stratégie de préférence communautaire.*

Jacques Maillet a raison : à laisser filer son électronique, l'Europe détruirait de nombreux emplois, pourrait compromettre l'indépendance de sa défense, et risquerait même de mettre en péril son identité, en raison du couplage de l'industrie et des programmes, couplage dans lequel les Japonais sont passés maîtres. Dans ce domaine, l'arme commerciale est une arme de destruction massive. Aussi bien nos petits-enfants passeraient-ils leurs journées, devant des téléviseurs japonais, à avaler des téléfilms américains.

Pour redresser la situation, il faut faire une petite révolution mentale, et ne plus avoir peur de se faire traiter de « mauvais libéraux ». Cessons donc de conformer notre démarche au seul idéal d'une *concurrence parfaite*, pendant que nos partenaires obéissent de leur côté à une vision stratégique, appuyée sur leurs seuls intérêts, et donc dénuée de tout sens doctrinaire.

L'idéologie du libre-échangisme mondial

L'idéologie aujourd'hui dominante, celle du libre-échangisme mondial, est au jour le jour codifiée, gardée, propagée, par l'organisation du GATT, l'accord général sur les tarifs (douaniers) et le commerce. Signé à Genève en 1947 par 23 pays développés ou en voie de développement, cet accord, à travers huit « rounds » de négociations successifs — dont le dernier, encore en cours, l'Uruguay Round — a progressivement étendu le champ des secteurs couverts et le nombre des États participants, qui dépassent aujourd'hui la centaine.

L'idéologie du GATT repose sur la théorie des *avantages comparatifs* de Ricardo : deux pays, même s'ils fabriquent des produits identiques, ont intérêt à se spécialiser chacun dans le secteur où ils détiennent l'avantage comparatif le plus grand. Ainsi pourront-ils échanger les fruits de leurs travaux, et atteindre globalement une plus grande efficacité de la production d'ensemble, au bénéfice des uns comme des autres. Je me souviens de cette lecture obligée des cours de Sciences-Po où Adam Smith et Ricardo étaient portés, par nos grands professeurs, comme une Arche d'alliance dans tous les amphithéâtres : « L'Angleterre a *avantage* à faire du textile, le Portugal a *avantage* à produire du vin... »

Mais revenons au GATT. De cette théorie fondamentalement juste, le GATT tire, depuis bientôt cinquante ans, deux principes directeurs : 1. il faut éliminer toutes les restrictions aux échanges internationaux et 2. cette élimination doit s'effectuer de manière égalitaire, en application de la « clause de la nation la plus favorisée ». Selon cette clause, tout accord bilatéral de réduction des droits de douane devrait être automatiquement étendu à tous les autres pays (ce qui, entre parenthèses, annule son avantage spécifique). Cette politique constitue le fondement du « multilatéralisme ».

Ces principes très simples, et d'apparence indiscutable, ont animé toutes les négociations commerciales internationales depuis 1947. Si l'on compare l'avant-guerre et les « Trente Glorieuses », le contraste est saisissant : *avant-guerre*, survint la dépression, accompagnée d'un cortège de dévaluations en chaîne et d'une course généralisée au relèvement des droits de douane, ce qui provoqua un effondrement du commerce mondial ; *après-guerre*, au contraire, le monde devait connaître une réduction des droits de douane moyens de 90 % entre 1947 et 1980, un développement rapide des exportations de marchandises et de services, et une prospérité sans précédent. Il serait tentant d'extrapoler à l'infini.

Pourtant, aujourd'hui, quelque chose ne marche plus. Il suffit de glaner, au hasard, chaque jour, dans la presse, l'information sans cesse répétée : Majorette, n° 1 mondial de la voiture miniature, vient d'être acculé au dépôt de bilan « parce qu'il avait *trop tardé à délocaliser* certaines fabrications », ce que beaucoup d'autres font depuis bien longtemps. L'autre jour, au salon nautique, c'était le grand jeu de demander au fabricant voisin : « As-tu délocalisé ? », « Vas-tu délocaliser ? » Ainsi, lorsque l'on entend des patrons acculés au choix entre la fermeture de leurs usines ou la délocalisation de leur production, lorsqu'on constate en même temps qu'aucune activité alternative ne prend le relais, alors que les prévisionnistes les plus avertis nous annoncent que le cap des trois millions de chômeurs sera largement dépassé au cours des prochaines années, on peut se demander si un point d'inflexion n'a pas été franchi, à partir duquel des mesures de libre-échange autrefois *bénéfiques* produisent aujourd'hui des effets *pervers*.

Pourtant, les idéologues dominants s'accrochent à leur doctrine en invoquant « le bien même de l'humanité ». Leur obstination peut conduire à une telle déconfiture, dans le domaine de l'emploi, que les peuples, désemparés, ne verraient plus d'autre issue que l'édiction de mesures protectionnistes, génératrices à leur tour de nouveaux malheurs. Le temps est venu d'une réflexion moins dogmatique et plus nuancée sur les vertus et les limites du libre-échange. Car, si la théorie triomphe et que la réalité plonge, peut-être serait-il sage, considérant les faits, de corriger la théorie plutôt que de la voir caracoler sur le néant. Cas de figure bien connu dans l'Histoire. « Vous avez interrompu la vieille chanson qui berçait la misère humaine, et la misère humaine s'est réveillée avec des cris. » Tous les idéologues ont toujours reçu les cris de détresse pour des cris de joie et d'appel à la persévérance.

La nouvelle critique du libre-échangisme intégral

Nos gouvernants semblent obéir, comme à un impératif moral, à cette nouvelle idéologie du libre-échangisme mondial. Le zèle de nos élites devant ce monument intellectuel de notre temps est tel que l'on pourrait presque y voir une résurrection du « *sens de l'histoire* » du défunt marxisme. Autrefois, on expliquait dans les écoles du Parti, voire dans les écoles tout court, que la finalité lumineuse de la société sans classes passait par de douloureux sacrifices intermédiaires, voire par des éliminations radicales, comme celle de ces pauvres koulaks. Mais, ajoutait-on, il ne fallait pas chicaner. L'immolation parfois nécessaire préparait un monde nécessairement meilleur. Toutes les dictatures de la pensée ont ainsi pris soin de donner au Minotaure son lot de victimes à dévorer. C'est, prétendent-elles, le tribut à payer pour les jours meilleurs. De même, aujourd'hui, assiste-t-on à l'écrasement de nos industries de main-d'œuvre et à la disparition de nos paysans avec le sentiment que se déroule sous nos yeux un véritable carnage, mais un carnage *inévitable*, et même bienfaisant, puisqu'il doit nous conduire aux rivages heureux de l'*économie globale*.

Presque seul, mais solide comme le visionnaire, le prix Nobel d'économie Maurice Allais est courageusement monté au créneau contre ces inepties. Pour lui, « le libre-échangisme mondial n'est en réalité qu'une application inexacte d'une théorie correcte, la théorie des coûts comparés (1) ». Application inexacte car elle repose sur deux postulats implicites.

1. *Premier postulat : les avantages comparatifs des différents pays sont structurels et ne se modifient pas avec le temps*. En effet, si l'on ne supposait pas que les avantages comparatifs sont structurels, ou au moins relativement stables, il faudrait admettre que les différents pays puissent supprimer, puis rétablir des secteurs économiques entiers, au gré de la conjoncture. Mais c'est le plus souvent impossible : peut-on ressusciter la paysannerie, une fois qu'elle a été supprimée ? Peut-on rapidement réta-

(1) Maurice Allais, *Erreurs et impasses de la construction européenne*, Clément Juglar, 1992, p. 53.

blir une industrie de l'électronique, une fois que le savoir-faire a été perdu ? Il existe une différence de fond entre pianoter sur un ordinateur pour transférer des capitaux à l'autre bout du monde — opération réalisable dans l'espace d'un clignotement d'écran — et la mutation complète d'activités humaines sur le terrain.

Une différence de taux d'intérêt d'un quart de point peut provoquer le déplacement international de flux financiers énormes, de milliards de dollars. Mais doit-elle motiver la destruction d'une industrie dans un pays, avec ses emplois, c'est-à-dire ses hommes ? On pourrait à la rigueur en débattre si nous étions sûrs de toujours bien connaître clairement la frontière entre le structurel et le transitoire. Mais ce n'est pas le cas, loin s'en faut.

2. *Deuxième postulat implicite,* selon Maurice Allais : *le libre-échange suppose que les avantages comparatifs, structurels d'un point de vue économique, ne seront pas non plus remis en cause pour des raisons politiques*. Par exemple, si dans le cadre d'une spécialisation aux dimensions de la planète, nous choisissions désormais, compte tenu des niveaux respectifs de performance mondiale, de confier la fabrication de nos avions de combat à la Corée (hypothèse d'école), et de sous-traiter toute l'électronique de bord au Japon, cela supposerait au préalable une telle proximité d'intérêts qu'aucune divergence ultérieure avec ces pays ne vînt nous mettre dans l'embarras. Cette hypothèse d'école, pourtant d'actualité, explique sans doute que, lorsque de Gaulle dota la France de l'arme nucléaire, il n'ait pas eu une seule pensée pour la théorie des avantages comparatifs. Car une telle « spécialisation » ne peut être mise en œuvre en toute

confiance qu'entre des pays appartenant au même ensemble politique. Cette conclusion capitale peut être étendue à beaucoup d'autres produits, même s'ils sont moins visiblement stratégiques que les avions de combat.

En réalité, le libre-échange n'apparaît viable que si on le pratique dans le cadre de zones de stabilité politique. Cette condition est remplie à l'échelle nationale, à un moindre degré à l'échelle européenne, mais elle ne l'est pas du tout, et il s'en faut de beaucoup, à l'échelle mondiale.

Un libéralisme incomplet

« Application inexacte » d'une théorie juste, dit Maurice Allais. On pourrait même ajouter : « d'une théorie juste, mais insuffisamment poussée ». Le « libre-échangisme » dans sa version standard et universelle m'apparaît très simpliste.

1. Il ne tient pas compte du phénomène très important des « *externalités* ».

Les « externalités », dites aussi « effets externes », sont des interactions économiques non comptabilisées *dans les prix*. Il est donc naturel qu'un libre-échange réduit à la seule dimension marchande n'en tienne pas compte. Elles n'en existent pas moins.

En matière agricole, par exemple, la chaîne des externalités me semble particulièrement longue. Chez moi, une exploitation agricole sur deux va disparaître, à la suite de la réforme de la PAC. Que va-t-il se passer ? Il va falloir embaucher des cantonniers à la Direction de l'Agriculture pour entretenir les paysages. Et pendant ce temps-là se déroulera la grande transhumance vers les villes. Car si le paysan ne vend plus son blé, concurrencé par les productions étrangères, il quittera sa terre, mais aussi son village, pour se reconvertir, on dit maintenant « pour s'agglomérer ». Bientôt, l'école du bourg fermera, faute d'enfants à scolariser. L'absence d'école sera peu à peu ressentie par les voisins, agriculteurs ou non, comme un effet externe négatif qui contribuera à les décourager. Le territoire rural se videra, au profit de grandes concentrations humaines, génératrices elles-mêmes de sucoûts multiples, et de nouvelles externalités négatives. Ainsi, le déracinement des personnes et la perturbation, parfois très grave, de la vie des familles représentent, à eux seuls, un *coût humain non marchand* que les prix des produits n'incluent pas, mais qui pèse très lourd lui aussi.

Seul un calcul simpliste — mais d'un simplisme criminel — peut nous conduire à rayer de la carte des dizaines de milliers d'exploitations agricoles pour la seule raison qu'un kilo de viande vaudrait 2 F moins cher en Nouvelle-Zélande. Ne serait-il pas judicieux de raisonner plus complètement ?

Car par la suite, le consommateur, un moment euphorique et dépaysé par l'exotisme de ses nouveaux achats, devra payer en impôts et en cotisations sociales supplémentaires, pour éponger le coût des restructurations, deux fois plus que ce qu'il a cru économiser sur sa viande importée Voilà un véritable calcul de Gribouille.

Pourtant, ce calcul est aujourd'hui une erreur courante : car le gain réalisé immédiatement est *visible*, tandis que le surcoût payé à terme est beaucoup plus *diffus*. Seul l'État, de par sa position centrale, peut vraiment tenir les comptes. Il faillit à son rôle lorsqu'il ne le fait pas.

2. Le libéralisme incomplet oublie aussi *ces effets de puissance.*

Le libre-échangisme simpliste, à usage des peuples dominés, occulte soigneusement les effets de puissance qui jouent au profit du plus fort dans toute relation ou négociation, et qui se résument d'un mot : *synergie*, synergie du politique et de l'économique. Les États-Unis sont particulièrement habiles à jouer sur les deux claviers de l'économique et du politique. C'est ainsi que la nouvelle administration américaine projette de mettre en place un « *Conseil National de Sécurité Économique* » : si vraiment les Américains étaient convaincus de la nécessité de faire régner, à l'avenir, un libre-échange équitable entre acteurs économiques libres, et sans « pollution » par l'action étatique, cette institution nouvelle n'aurait pas sa place. Mais bien évidemment, les États-Unis ne croient pas eux-mêmes à cette utopie, tout juste bonne à piéger les concurrents de l'Amérique. Pour eux, le libre-échangisme est un article d'exportation. Ainsi a-t-on vu dans les colonnes de nos journaux bon nombre d'économistes européens qui, grisés de théories pures, jouaient contre nos intérêts en appelant à soutenir les propositions américaines au volet agricole de l'Uruguay Round. Les voilà prêts à concéder jusqu'à la disparition programmée de notre agriculture qui, selon eux, constituerait aujourd'hui une sorte de survivance anachronique d'un stade primitif de développement.

Ces esprits déliés et pénétrés de principes

oublient de s'interroger sur le fait que les États-Unis, eux, quoique bien plus développés que nous (paraît-il), éprouvent le besoin de défendre bec et ongles leurs agriculteurs, et de maintenir coûte que coûte un secteur primaire très solide. Magie de l'effet de puissance sur les intellectuels ! Ce qui est déclaré légitime chez les Américains devient rétrograde chez nous. Et tout le monde finit par perdre de vue que l'objet du débat, finalement, c'est la maîtrise de l'*arme alimentaire* dans le monde.

3. Il se garde bien d'aller jusqu'au bout de *sa logique*.

En effet, si le libre-échangisme simpliste condamne les *subventions indues* (et admet donc en contrepartie les mesures anti-dumping et les droits compensateurs), il se garde bien de dire où commence et où s'arrête cette notion très vague. L'aide publique à la recherche-développement, par exemple, constitue-t-elle une « subvention indue » ? En théorie, oui, sans aucun doute, puisqu'elle peut aboutir à favoriser un produit dans le commerce international, plus efficacement que le marché ne l'aurait fait spontanément. En pratique, personne ne se hasarde à tirer de telles conclusions. On n'en sortirait plus. Mais qui dira le sens des mots ?

Le droit de *définir* la *subvention indue*, le droit de cerner les limites de l'aide légitime, sont précisément un des plus beaux apanages de la puissance, quand elle se dissimule sous le masque de l'équité pour mieux rendre des arbitrages sur mesure. Le nouveau président des États-Unis l'a si bien compris que, tout en protestant évidemment de son attachement au libre-échange, il a déjà décidé d'accentuer l'action dite « *environnementale* » du gouvernement fédéral américain en faveur des entreprises. Sur le papier, la lettre des traités internationaux se trouve parfaitement respectée. Mais il n'échappe à personne que l'on nage en plein artifice juridique.

Le coût du travail et la concurrence déloyale

Dans la concurrence internationale, les salaires représentent aujourd'hui un élément important, une des variables de la compétition, de même que la technologie, le climat, ou la conscience professionnelle des travailleurs. Et c'est très bien ainsi, nous explique-t-on, comme pour célébrer la rencontre heureuse de la Providence et d'une sorte de justice immanente : il faut bien faire vivre les pays pauvres, leur donner un espoir de développement grâce à l'utilisation de leur avantage le plus évident, le bas coût de leur main-d'œuvre.

Comment ne pas partager cette vision de sollicitude et de justice ? Mais peut-on un instant prendre le problème par l'autre terme, en mesurant, chez nous, le séisme qui est en train de se produire ? Est-il juste et moral de jeter au chômage la main-d'œuvre non qualifiée des pays développés, qui se trouve ainsi directement concurrencée ? Qu'a-t-elle fait pour mériter ce sort, sinon d'être, hélas, la plus faible ? Et s'il est nécessaire d'aider les pays pauvres, ce que je suis le dernier à contester, faut-il, pour y parvenir, paupériser et prolétariser les plus vulnérables de nos compatriotes, ceux qui nous sont les plus proches, et que l'homme politique a précisément pour mission sacrée de protéger ?

Devant ce dilemme, le libre-échangiste intégriste

tient toutes prêtes, dans son sac à malices, au moins quatre mauvaises réponses.

1) « *Il n'est pas question de jeter ces gens non qualifiés au chômage. Il faut au contraire les réemployer dans des activités où nous posséderons un nouvel avantage comparatif, sur lequel nous pourrons bâtir une nouvelle spécialisation.* »

L'ennui, c'est que, jusqu'à présent, nos avantages comparatifs sont allés se loger surtout dans des secteurs à forte composante de matière grise, nécessitant plutôt une main-d'œuvre qualifiée. Bien sûr, on peut former certains chômeurs pour les reconvertir à des travaux plus complexes, mais l'exercice rencontre vite ses limites : on ne peut transformer tous les agriculteurs en informaticiens. Et d'ailleurs, si l'on y parvenait, ce serait sans doute pour connaître de nouvelles désillusions : certains pays dits « du Tiers-Monde » se débrouillent maintenant si bien qu'ils peuvent nous fournir aussi des services à haute valeur ajoutée. Une grande compagnie aérienne vient par exemple de délocaliser en Inde son système informatique de réservations. Il ne s'agit plus là d'une industrie de main-d'œuvre, mais d'une industrie de services et de high tech. Dans ces conditions, nous risquons d'être balayés à brève échéance, sur toutes les lignes de nos produits et de nos services.

2) « *On enregistre une série d'étapes nécessaires dans le développement d'un pays : d'abord, le secteur primaire (agriculture) domine, puis c'est le secondaire (industrie), et enfin le tertiaire (services). Ne nous affolons donc pas de voir nos industries de main-d'œuvre fermer les unes après les autres. Au contraire, c'est plutôt bon signe. C'est le signe que nous sommes en train de passer au stade supérieur.* »

Aujourd'hui, nous savons que cette théorie des trois âges successifs de l'économie est fausse : car le secteur tertiaire ne peut pas vivre « en l'air », sans qu'il y ait, pour le soutenir, des secteurs primaire ou secondaire puissants, quels que soient leurs poids relatifs. Les banques ne vivent pas seulement d'échanges avec les compagnies d'assurances. Il faut aux banquiers des investisseurs à qui prêter, aux assureurs des entrepreneurs à garantir. Alors, laissons là les clichés pseudo-futuristes, revenons sur terre : il n'existe pas d'économie purement immatérielle, comme il n'existe pas d'homme abstrait, la tête dans les étoiles, qui n'ait aussi les pieds dans la glèbe. Il serait très dangereux pour notre avenir de nous désintéresser du sort de nos industries de main-d'œuvre, sous prétexte d'une prospérité mieux assurée dans le seul secteur des services.

Thierry Breton (1) nous a prévenus : le choc est devant nous, car nous risquons de perdre, dans la décennie à venir, un million d'emplois dans le secteur tertiaire, alors que le secteur secondaire a déjà perdu un million d'emplois industriels au cours des dix ans écoulés. C'est la faillite du *discours technologique,* enivré de high tech, d'économie technoservicielle, et qui reposait sur cet article de foi : la pénétration technologique dans l'économie apportera aussi sûrement l'emploi que l'aube promet le jour.

3) « *On ne peut pas dire que le libre-échange pénalise forcément l'emploi dans les pays européens. La preuve, voyez l'Allemagne qui, dans sa partie Ouest, affiche un taux de*

(1) Thierry Breton, *La Fin des illusions, le mythe des années high tech,* Plon, 1992.

chômage de 4,7 % seulement. N'est-elle pas, pourtant, aussi exposée que la France ? »

L'Allemagne pose un problème particulier : l'injection massive de pouvoir d'achat dans les Länder de l'Est, après la réunification, a relancé la consommation locale ; elle a même provoqué un début de surchauffe, qui a maintenu jusqu'ici le chômage allemand relativement bas (et favorisé aussi, au passage, les exportations françaises).

Mais ne croyons pas que l'Allemagne soit épargnée par la concurrence asiatique : entre 1973 et 1989, sa part dans les exportations mondiales de produits manufacturés est tombée de 16,6 à 13,4 %, alors que celle de la France a reculé seulement de 7,3 à 6,2. L'Allemagne préserve encore sa part dans le secteur automobile, mais, dans l'électronique, elle s'est littéralement effondrée (de 15,7 à 8,5 %).

Le mal s'avère bien réel pour nos voisins allemands aussi. A ceci près que l'Allemagne possède plus de réserves de puissance que nous pour y résister.

4) « *Il est aussi déplacé de se plaindre du bas coût de la main-d'œuvre à Taiwan, que de déplorer l'ensoleillement " déloyal " de l'Afrique du Sud, exportatrice chez nous de ses fruits exotiques.* »

Ce n'est pas du tout mon avis. Car personne ne se plaint de la concurrence des pays vraiment pauvres. Mais ce qui perturbe aujourd'hui les Occidentaux, ce sont plutôt les « faux pauvres », c'est-à-dire les pays du Sud-Est asiatique pour l'essentiel, qui concilient l'agressivité à l'exportation et le maintien de salaires faibles à l'intérieur de leurs frontières.

Leurs économies reposent ainsi sur un principe exactement inverse de celui qui a fait la force du capitalisme occidental, et dont Henry Ford a été le plus brillant illustrateur, en suivant un précepte simple à énoncer : mieux payer ses ouvriers, pour élargir le marché de ses propres automobiles. Ainsi progrès économique et progrès social marchaient-ils de pair.

Les « nouveaux Dragons » du Sud-Est asiatique (mis à part le Japon, dont l'avantage relatif en termes de salaires n'est pas colossal) font le contraire : ils paient mal leurs ouvriers afin de conquérir le marché des autres. Il y a tout de même, dans ce comportement, quelque chose d'injuste, comme un détournement d'agressivité vers l'extérieur.

Sans chercher à cultiver le paradoxe, on pourrait se demander si, dans certains cas, un peu de protectionnisme de la part des Occidentaux ne serait pas profitable à ces pays eux-mêmes, en les obligeant à développer leur marché intérieur.

Irions-nous alors vers la catastrophe des fermetures de frontières en cascade, et des guerres commerciales que l'on nous décrit parfois ? Je ne le pense pas. Si les mesures prises restaient raisonnables, et faisaient l'objet de négociations, elles pourraient correspondre à l'affermissement de *zones régionales* de libre-échange, destinées à s'étendre progressivement par cercles concentriques. Sous cet angle, il s'agirait de mesures stabilisatrices, conçues dans l'intérêt à long terme du développement du commerce mondial. Le rapport annuel de l'Institut Français des Relations Internationales (IFRI) ne dit pas autre chose, lorsqu'il avance l'hypothèse que le « néo-protectionnisme » constaté récemment dans plusieurs grands pays (et notamment aux États-Unis !) peut « *faciliter l'expansion du commerce international, dans la mesure où il constitue une manière de gérer les frictions qui ont toutes chances d'émerger, au fur et à mesure que s'accroît l'interdépendance des économies, et d'éviter qu'elles ne dégénèrent en conflit* (1) ».

Il apparaît aujourd'hui opportun, et même urgent, de réviser ce que les dogmes du libre-échange ont d'absolu, sous peine de laisser détruire notre pays à petit feu.

L'institution de droits compensateurs

Nous avons le choix : ou bien nous assistons, passifs et abasourdis, au démontage pièce à pièce et au déménagement progressif de toutes nos industries de main-d'œuvre, en acceptant une croissance du chômage jusqu'à l'implosion finale, ou bien nous imposons sur certains produits importés des « *droits compensateurs* ».

La première hypothèse est insupportable : allons-nous abandonner les plus démunis de nos concitoyens, sous le mauvais prétexte qu'ils trouveront bien le moyen de survivre grâce à l'assistance publique ? Je le refuse.

Cette hypothèse fait bon marché de notre conception de la nation, qui implique protection et solidarité mutuelles. Plus que jamais la nation doit montrer ici son vrai visage de protectrice des plus

(1) Ramsès 93. Rapport annuel de l'IFRI, sous la direction de Thierry de Montbrial, Dunod, 1992, p. 206.

faibles. « La patrie est le bien de ceux qui n'ont rien. »

La poursuite du rythme du grand désossage apparaît, aussi, intenable financièrement : les « actifs occupés », c'est-à-dire ceux qui cotisent et qui paient déjà des contributions de plus en plus lourdes pour le compte des étudiants et des retraités, ne peuvent pas soutenir indéfiniment des « chômeurs structurels », en nombre sans cesse croissant.

Reste la seconde possibilité : celle du « *droit compensateur* », négocié au niveau européen, qui devrait représenter la différence entre le *coût salarial français* (ou européen), et celui *du pays d'origine,* pour la part de main-d'œuvre incorporée.

De façon à ne pas perturber les relations internationales par de faux débats, l'explication de ces droits devrait faire ressortir leur justification morale : aussi bien le produit tiré de leur perception pourrait-il être versé aux pays les moins avancés, afin de réduire leur endettement ou de les aider dans leur développement. Nous ferions coup double : en ordonnant le commerce mondial, nous pourrions mettre en œuvre avec les pays pauvres un grand projet de *co-développement.* Et nous donnerions l'occasion aux pays du Sud-Est asiatique d'utiliser un bon moyen pour réduire les droits dont leurs produits seraient l'objet. Comment ? Tout simplement en décidant d'améliorer la condition de leurs travailleurs ! Le droit compensateur ferait donc disparaître la prime au conservatisme social dont ces pays se satisfont actuellement.

Accessoirement, une part de ces droits pourrait aussi être affectée à notre budget social, pour compenser les soins de santé ou les aides diverses que nous dispensons en France à des étrangers, sans que leurs pays d'origine nous remboursent jamais.

De cette manière, il apparaîtrait clairement que ces droits remplissent une fonction de *compensation*, et non pas de *sanction* ou d'argument de *concurrence déloyale*. Ils joueraient le rôle d'une sorte de rhéostat, c'est-à-dire d'un régulateur automatique du commerce international, afin de favoriser son développement équilibré.

D'ailleurs, on accepte bien aujourd'hui que les produits importés en France obéissent aux *normes de sécurité* ou aux *normes de consommation* de notre pays, et non à celles du fabricant d'origine. Pourquoi n'adopterait-on pas une position identique pour les *normes sociales ?* Les produits importés devraient répondre à nos normes sociales, et les *droits compensateurs* seraient là pour le garantir.

Un cas à part devrait être fait pour les pays de l'Est, européens par le cœur, mais non pas encore par l'économie. Je sais bien que les coûts salariaux y frôlent également le dérisoire : l'entreprise vendéenne Jeanneau, par exemple, fait construire en Pologne des petits bateaux de plaisance qui lui reviennent deux fois moins cher que s'ils étaient réalisés aux Herbiers. Mais je crois la situation de l'Europe de l'Est très transitoire : l'ambition de ces pays, c'est d'améliorer le plus vite possible le sort de leurs populations. Leur objectif est intérieur, et non pas extérieur.

Dans ces conditions, il faut que, pour eux, nous établissions des *droits compensateurs* au coup par coup, dans le cadre d'accords d'association européens, qui reposeront sur une vision globale de leur développement, mais aussi de l'intérêt de l'emploi chez nous. Ces accords devront accélérer le processus de leur adhésion politique à la Confédération européenne, ainsi qu'à une zone européenne de sécurité et d'arbitrage. Mais du point de vue économique, ils devront marcher au rythme de nos intérêts réciproques, et avec des mécanismes d'aide garantissant que la population de l'Est sera bien la première bénéficiaire de *ses* propres efforts.

La nouvelle immigration

Le libre-échangisme primaire conduit également à de grands dommages quand il s'applique aux flux migratoires. Là, le dogme s'écrit ainsi : il faut laisser librement entrer les nouveaux immigrants, car ces arrivées, qui ne nuisent pas à notre pays (l'emploi s'ajustera), procureront un bien décisif aux pays pauvres, en les soulageant d'autant de bouches à nourrir, et en leur permettant de récupérer quelques retombées financières, lorsque l'expatrié envoie chez lui une part de son salaire.

Cet argumentaire fantaisiste ne vaudrait pas la peine que l'on perdît du temps à le réfuter, si le nombre de migrants concernés restait limité. Mais aujourd'hui, ce n'est plus le cas.

En se fondant uniquement sur des publications officielles (1), on peut estimer le chiffre annuel des entrées d'étrangers en France (nettes des départs et décès) à environ 100 000. A quoi il faut ajouter 50 000 clandestins au bas mot, et 80 000 naissances en France de parents étrangers. Le total des « entrées » nettes de toutes sortes est donc de

(1) Voir annexe 9.

230 000. Et d'où il ressort aussitôt, par un coup de baguette magique, 110 000 naturalisations, toutes catégories confondues.

Si l'on retient le chiffre de 230 000 entrées, et qu'on le compare à celui des naissances issues de parents français chaque année (700 000), on peut en inférer qu'aujourd'hui, dans notre pays, un *nouveau résident sur quatre* est d'origine étrangère. Mais comme il s'agit d'une population très différente culturellement des Français de souche, et d'un niveau de formation professionnelle très bas (pour les immigrants adultes), les conséquences sur l'emploi sont très différentes de ce que les théoriciens ont pu imaginer jusqu'ici.

Toujours en me fondant sur les chiffres officiels de 1990, je fais quatre constats (1) :

— le taux de chômage global des étrangers (20,6 %) est plus du *double* de celui des Français (9,6 %) ;

— par nationalité, ce taux varie beaucoup autour du chiffre pivot de 20,6 % : de 8,3 % pour les Portugais (moins que les Français !) jusqu'au total surprenant de 60 % pour les ressortissants de pays d'Afrique noire ;

— le nombre de chômeurs étrangers officiels, quoique plus faible que celui des Français, *augmente* beaucoup plus vite.

— enfin, à l'intérieur d'une population d'étrangers au chômage qui s'enfle sans cesse, les chômeurs originaires de l'Europe régressent en pourcentage et en valeur absolue. Les chômeurs hors CEE représentent aujourd'hui la presque totalité des chômeurs étrangers recensés.

(1) Voir détail en annexe 9.

Il est donc clair que le changement de composition de la population étrangère en France l'a rendue beaucoup plus sensible que naguère au chômage. On peut même observer, en considérant les pourcentages d'Africains à la recherche d'un emploi, que cette population n'est pas constituée de « travailleurs », mais plutôt de chômeurs !

On n'en est que plus étonné de lire les derniers chiffres du ministère du Travail (1), qui annoncent pour 1991 des contrats de travailleurs permanents étrangers en hausse de 23 %. Certes, les valeurs absolues, sur ce poste particulier, semblent à première vue modestes (moins de 20 000). Mais compte tenu du multiplicateur du regroupement familial et, ensuite, du multiplicateur de la fécondité, elles représentent en tout, facilement, 100 000 personnes à elles seules.

L'immigration d'aujourd'hui, il faut bien le comprendre, a complètement changé de nature. On ne peut plus l'apprécier à l'aide des concepts habituels, qu'il s'agisse de la « libre circulation des personnes » ou de « l'hospitalité traditionnelle de la France ». Nous sommes en réalité devant les prémices de glissements de population de grande ampleur, engendrés par la conjonction de trois causes : la misère de beaucoup de pays du Sud, leur explosion démographique, et la facilité nouvelle des transports.

Ces nouveaux immigrants, souvent analphabètes, ne sont guère assimilables par une économie complexe comme la nôtre. C'est pourquoi bien souvent, ils vont grossir les rangs des chômeurs. Prennent-ils des emplois que les Français ne vou-

(1) *Partenaires,* revue du ministère du Travail, n° 31, nov. 1992.

draient pas ? Si le cas s'est produit, c'était il y a longtemps. La crise a tout changé.

Là encore, à situation nouvelle, nouveaux concepts. Car la *nouvelle immigration* fait peser trois charges sur notre emploi, trois charges peu citées, mais dont la puissance à terme peut être explosive :

— par le nombre des nouveaux immigrants qui tombent à la charge de la société, elle accroît les frais généraux de la nation ;

— elle réduit le niveau de qualification moyen de la population, au moment où l'on découvre que, dans la haute mer où nous sommes, les pays qui tiendront la marée seront ceux qui disposeront de la ressource humaine la mieux formée ;

— alors que les entreprises les plus performantes sont celles où le personnel adhère à une « identité d'entreprise », à des « objectifs d'entreprise », nos gouvernants refusent d'en tirer les enseignements au niveau de la nation ; les Japonais, eux, l'ont fait depuis longtemps.

Ainsi l'entreprise « France », au cours du siècle prochain, risque d'être affligée de frais généraux trop lourds, d'un personnel sous-qualifié, d'une absence d'adhésion à ses projets. Posons-nous la question : quelle est donc l'entreprise privée qui tiendrait longtemps dans ces conditions ?

Les solutions ? D'abord, ici comme ailleurs, il convient de réviser les idées fausses qui nous rongent. Ne pas se laisser imposer une vision théorique de la « *libre circulation des immigrants* », qui ne correspond pas plus que le *libre-échangisme intégral* à nos intérêts et au développement ordonné du monde.

En conséquence, des réglementations nouvelles sont à édicter. Il faut suspendre le courant de l'immigration et « le subordonner à l'avenir au respect de quotas variables à la fois selon les professions et selon les nationalités », comme l'a suggéré Édouard Balladur (1). Bien entendu, ces mesures nécessitent un contrôle serré des frontières.

Au moment d'écrire ces mots, je pense à la définition du Bien proposée par saint Augustin : « *Toutes choses ne sont pas dues à tous, à tous est due la charité.* »

Le mystère de la France, le mystère de sa force d'attraction, c'est sa double tradition : tradition d'*hospitalité*, tradition d'*assimilation*. Or la France n'assimile plus, et elle accueille mal. Son creuset ne fonctionne plus. La France est le seul pays au monde où l'on n'apprend pas à aimer la France. Notre pays n'assume plus sa tradition d'hospitalité, parce qu'il n'applique plus ses propres règles de droit. La justice, l'équité, le droit commencent à nos frontières. Pourquoi ? Parce que c'est manquer à notre tradition d'hospitalité que de laisser entrer chez nous des gens qu'on sait ne pouvoir normalement accueillir. C'est pour des gouvernants et des clercs une manière de lâcheté que de laisser entendre, par démagogie, que la France est la terre du genre humain.

L'Histoire jugera sévèrement ceux qui ont ainsi poussé à ces grandes *déportations* de populations, qui finissent dans la misère et parfois dans la haine, avec toutes ces familles déracinées, transportées par le rêve de l'abondance, qui croient entrer en terre promise et terminent le voyage en banlieue, dans un bunker ethnique, dans un bantoustan aux portes de la ville.

(1) Édouard Balladur, *Dictionnaire de la réforme*, Fayard, 1992, p. 157.

Il n'y a pas de différence de nature entre les grandes déportations — qui sont la honte de l'Occident — fondées sur le commerce triangulaire, et la grande déportation de la misère qui résulte de l'entêtement des pays occidentaux à ne pas vouloir *tarir la source*, c'est-à-dire à ne pas envisager sérieusement la seule querelle qui vaille, la question du *codéveloppement*.

Historiquement, nul n'a inventé, de par le monde, un autre cadre que la nation pour protéger les droits de l'homme : la nation est une forme élémentaire de la solidarité. La nation est une œuvre du temps, une forme raffinée de l'altruisme, elle implique plus de devoirs que de droits. Préserver la nation, c'est contribuer à la paix du monde. Mais la nation, qui est une richesse, écorne sa légitimité si elle ne rayonne plus, si elle n'aide pas les plus pauvres. Chaque Français, aujourd'hui, a donc deux devoirs. Un devoir de *famille* : la nation est une grande famille, il faut aimer sa famille. Un devoir d'*humanité* : la nation perd son sens si elle n'est pas l'occasion pour chacun de ses membres d'aider plus pauvre que soi. Aider plus pauvre que soi là-bas, *chez lui*, là où il a ses racines, sa culture, son voisinage et ses affections. Puisque le monde s'est rétréci, notre vision doit s'agrandir. Notre cœur aussi.

Pour un nouvel ordre mondial

Chez les Français, chez les Européens, l'inquiétude monte sourdement avec le chômage. Tout le monde sent bien que pour améliorer les normes de productivité, il faut marcher vers une certaine

« globalisation » des économies du monde, c'est-à-dire leur interdépendance croissante.

Mais en même temps, constatant les impuissances nationales devant la crise, la baisse des pouvoirs d'achat, la marginalisation et la pauvreté, beaucoup de gens de bon sens en viennent à se demander si la *globalisation* ne serait pas un marché de dupes.

C'est un marché de dupes, si le nouvel ordre mondial prend appui sur un libéralisme intellectuellement fallacieux, qui tolère la destruction inexorable d'industries par la concurrence *déloyale*, provoquant le déracinement de populations entières par l'absence de travail et la misère. C'est un marché de dupes, si ces chimères sont concoctées dans l'intérêt de quelques égoïsmes de grandes puissances, et si l'Europe, entravée, encombrée de ses divisions et de ses désaccords, aujourd'hui empêtrée dans le projet de Maastricht, ne parvient pas à faire entendre, devant la froideur et l'arrogance des empires, la voix d'un nouvel humanisme.

Quelle dérision de voir aujourd'hui les socialistes français se transformer en apôtres du libre-échangisme le plus simpliste et le plus blessant pour ces « pauvres » que, précisément, ils prétendaient vouloir protéger ! Mais est-ce bien un hasard ? Au fond, ils ont remplacé un *sens de l'histoire* par un autre. Ils ont trouvé un nouveau schéma théorique qui leur laisse encore espérer la construction d'un homme nouveau, *l'homo economicus* après *l'homo sovieticus* !

L'ordre mondial que nous voulons, celui de l'emploi, n'est pas à chercher de ce côté-là, car l'idéologie, en détruisant la vie, détruit aussi l'équilibre économique. Il faut chercher dans une autre direction, pour concilier nos valeurs, à commencer par la dignité de l'homme, dans son milieu social et la proximité de ses solidarités naturelles, avec le développement toujours nécessaire des échanges.

Je crois que nous y parviendrons d'abord en ordonnant le commerce international, de manière à ce que la compétition ne se retourne pas contre les travailleurs. Il faut un minimum de règles communes, un Code de bonne conduite, et qu'on en discute au besoin au niveau mondial : les obstacles non tarifaires au commerce, et les mauvaises conditions sociales, dans les pays où le travailleur est peu protégé, ne doivent pas servir de planche d'appel pour démolir l'emploi dans les pays qui, depuis des générations, font des efforts pour améliorer le sort de leurs citoyens. Dans notre pays, le progrès social ne doit pas devenir un handicap économique.

Mais parallèlement à cet effort, il est grand temps de mettre en place ce vaste *projet de co-développement* avec le Tiers-Monde. Pour cela, il faut d'abord comprendre que l'économie libérale d'un pays développé n'est pas transposable telle quelle dans les pays pauvres : on ne peut pas implanter du jour au lendemain des ordinateurs dans la brousse ; on ne peut pas non plus transplanter du jour au lendemain des idées nouvelles, par exemple le personnalisme libéral, dans un système communautaire. Sachons ménager les étapes et respecter les autres modes de vie.

Il me semble clair, toutefois, que le développement économique est impossible sans droits de propriété privée. C'est pourquoi il faut suggérer à ces pays de marier progressivement des solutions libérales avec leurs traditions propres, comme a si bien su le faire le Japon. C'est ce que j'appelle le « modèle libéral enraciné ».

Ce modèle nécessite d'abord la *sécurité du droit*, qu'il faudra faire régner en Afrique, peut-être en transposant le système du « mandat » de la SDN, par le biais de l'ONU, et avec l'accord des intéressés. Dans ces conditions, il deviendra possible de travailler sérieusement, et beaucoup d'aides aujourd'hui dilapidées redeviendront utiles.

Le développement de ces pays devra être orienté d'abord vers la satisfaction des besoins de leurs populations, de manière à les fixer sur place, et à les intégrer — mais très progressivement — au commerce international. Il faudra notamment mettre fin à ces flux de migrants qui vident les pays pauvres de leur dynamisme, et viennent déstructurer les nôtres. Dans cette perspective, une nouvelle politique contractuelle devra être mise en place, comme j'ai essayé de l'esquisser au modeste niveau du département de la Vendée, avec le Bénin : en prenant pour principe de donner localement les moyens de vivre, et de n'accueillir chez nous que les personnes désireuses de venir se former, pour repartir ensuite encadrer leurs compatriotes. La France doit ici assumer une responsabilité particulière, qui découle de sa civilisation et de son histoire.

Telles sont les conditions d'un nouvel *ordre mondial de l'emploi*.

2

Pour une Europe de la préférence communautaire

Le filigrane qui court de Bruxelles à Maastricht imprime au mouvement de l'Europe la marque la plus authentique du *libre-échangisme mondial*. Si les mots ont un sens, et si l'on veut bien prendre la peine de lire le texte du traité de Maastricht, on ne manquera pas d'être frappé par la proclamation solennelle que la Commission a pris soin de graver en incrustation, dès les trois premiers articles du traité aujourd'hui en souffrance.

Lisons donc l'article 3 A, entièrement rédigé par les gens de plume de Bruxelles : il y est dit et redit de la manière la plus nette que la politique économique de la Communauté ainsi que celle de chacun de ses membres sont conduites « conformément au respect du principe d'une économie de marché *ouverte* où la concurrence est *libre* ». Cette formule est encore reprise deux fois, aux articles 102 A et 105. Cette répétition, tout à fait inhabituelle dans un texte juridique, révèle bien la philosophie de la Commission : l'Europe doit être immergée dans le marché mondial, sans protection particulière. C'est la transposition dans notre droit, sans réserve aucune, du libre-échangisme mondial. C'est en particulier la négation même du principe de *préférence communautaire* sur lequel a notamment reposé, depuis les origines du Marché commun, la politique agricole européenne.

Depuis longtemps, les observateurs sentaient monter, chez les autorités de Bruxelles, la philosophie du libre-échangisme intégral. Par exemple, en 1990, lors de la négociation relative aux importations d'automobiles japonaises, M. Martin Bangeman, commissaire européen aux Affaires industrielles, n'avait pas hésité à exercer un véritable chantage sur les pays qui se montraient, à l'époque, réticents à l'ouverture, et particulièrement sur la France.

Me référant à la source la moins suspecte de partialité, en l'occurrence le journal des Communautés *Europolitique*, je cite : « *En menaçant de* " *laisser tomber* " ... *M. Bangeman fait monter la pression pour emporter l'ensemble du dossier. A cet effet, il a rappelé d'une part, que les (autres) pays libéraux trouvaient le compromis actuel trop protectionniste, ensuite que rien n'obligeait la Commission à avoir l'aval des Douze pour signer l'arrangement avec les Japonais* (c'est moi qui souligne), *et enfin que s'il n'y avait pas d'arrangement, le marché automobile européen serait tout simplement ouvert au 1er janvier 1993* (1). »

Qu'y a-t-il derrière le texte de cette mise en garde d'eurocrate bravache ? Tout simplement l'idée que la Commission fait *ce qu'elle veut, quand elle veut*. Parce qu'elle en a le droit, parce que c'est sa mission : elle dispose en effet d'un pouvoir de négociation dans le domaine commercial ; elle a donc le droit d'engager les Douze *malgré* leurs réticences. Conclusion de M. Bangeman : acceptez

(1) *Europolitique*, 27 novembre 1990.

l'ouverture progressive (avec des quotas jusqu'en 1998), ou bien j'ouvre tout, tout de suite.

Cet intégrisme libre-échangiste, contraire à nos intérêts, emprunte de plus en plus la voie du sens unique. En effet nos partenaires, notamment les États-Unis et le Japon, ne mettent pas autant d'empressement pour faciliter nos exportations chez eux. Par exemple, la même revue *Europolitique*, traitant des négociations de l'Uruguay Round, n'hésite pas à écrire, avec une inconscience à vrai dire assez cocasse : « *Qui plus est, les différences de conditions de production agricole d'un pays à l'autre rendent, elles aussi, difficile l'application de règles identiques. Ainsi, la taille moyenne d'une exploitation agricole est au Canada de 280 hectares, alors qu'aux États-Unis, elle est de 150 hectares, dans la Communauté européenne de 15 hectares, et au Japon de 1,4 hectare seulement. M. Tanabu (ministre japonais de l'Agriculture) a rappelé qu'il serait extrêmement difficile pour le Japon d'ouvrir son marché national aux importations de riz étranger* (1). »

Oh, qu'en termes choisis ces choses-là sont dites ! Le ministre japonais nous prévient qu'il sera *extrêmement difficile* pour le Japon d'ouvrir son marché au riz étranger. Voilà qui est net et clair ! On en oublierait presque qu'il est aussi « *extrêmement difficile* » pour nous, Français, d'ouvrir notre marché aux importations d'automobiles japonaises. Or, il faut savoir que la même fin de non-recevoir polie est opposée par le Japon à la plupart de nos exportations agro-alimentaires, dont il se protège par des tarifs douaniers, mais aussi par des normes, des quotas, des procédures d'homologation et par tous autres moyens que son ingéniosité ne manque

(1) *Europolitique*, 1er août 1992.

pas d'inventer au jour le jour ; ce qu'on appelle le « sourire japonais », qui est une manière fort civile de dire « niet ».

« Guerre commerciale » ! L'expression de Bernard Esambert n'a jamais été si opportune. On vient d'en savourer un morceau choisi avec la négociation de l'Uruguay Round, où la Communauté européenne a capitulé devant les exigences des Américains, en consentant à réduire nos exportations agricoles.

Pourtant, sur le fond, notre dossier pouvait honnêtement se défendre. D'abord, nos subventions à l'agriculture ne surclassent guère celles de nos concurrents, à la différence de ce qu'on prétend parfois : « l'équivalent subvention à la production » (ESP) — unité de mesure utilisée par l'OCDE pour effectuer des comparaisons internationales — s'établissait en 1991, selon cet organisme, à 49 % pour la CEE, et à 30 % pour les États-Unis (1).

Ensuite, les Américains bénéficient d'un privilège supplémentaire, qui équivaut à une subvention déguisée : en laissant flotter leur monnaie à la baisse, ils se taillent les avantages commerciaux d'une dévaluation sauvage. Selon la théorie des pouvoirs d'achat, le dollar pourrait valoir à peu près 6,40 F. Il en vaut environ 5,50 (après être descendu bien plus bas en 1991). L'écart actuel, soit 15 %, mesure ce que j'appelle justement la *subvention déguisée,* qu'il faudrait ajouter aux autres aides avant de porter une appréciation générale.

Et ce n'est pas tout. Avant d'abandonner notre

(1) OCDE. *Rapport annuel. Politiques, marchés et échanges agricoles, suivi et perspectives 1992,* juin 1992. Voir aussi Paul Fabra, « L'agriculture et le marché », *Le Monde,* 30 juin 1992.

agriculture pour une si faible différence, il eût été prudent et utile de mesurer quelles seront les conséquences financières de ce geste sur la chaîne de notre emploi rural. Mais j'irai plus loin, en me plaçant sur un plan stratégique : l'agriculture est-elle utile à notre indépendance ? (j'entends aussi par là celle de l'Europe). Si un démarcheur venait nous dire : « Vos bombes atomiques reviennent trop cher ; abandonnez donc leur production, et achetez-en à l'Irak, c'est plus économique ! », que devrions-nous répondre ? « Non », bien sûr ! Alors pourquoi ne pas faire la même chose avec l'agriculture, qui dote l'Europe de l'*arme alimentaire,* sans doute l'arme du XXIe siècle ?

Beaucoup de paysans et d'industriels, autour de moi, s'interrogent : comment la Commission européenne a-t-elle pu baisser la garde si vite, comment a-t-elle pu se rendre sans combattre ? Pour ceux qui connaissent les arcanes de Bruxelles, ce n'est plus une énigme.

D'abord, il faut savoir que, pour la Commission, le libre-échange est une idéologie, alors que pour nos partenaires, le libre-échange est une ruse tactique pour mieux nous désarmer. Bruxelles n'a pas eu l'intelligence, comme inhibée par la prétention gaillarde et dérisoire de ses Commissionnaires, d'opposer à nos partenaires, une contre-théorie de simple bon sens et de filiation incontestable : celle du libre-échange par zones concentriques, admettant les *préférences régionales* et les *droits compensateurs,* lorsqu'ils visent à corriger, à rattraper de trop grandes inégalités de traitement des travailleurs. Ce libre-échange concentrique, progressif, éducateur, est aussi un libre-échange *équilibré,* qui devrait nous éviter bien des tensions intérieures.

La seconde raison de la pusillanimité, de l'irrésolution de la Commission dans les négociations internationales, tient aux structures mêmes de décision dans la Communauté. En effet, la solidarité entre pays européens reste d'intensité inférieure aux solidarités nationales. Par exemple, les Pays-Bas, qui n'ont guère d'industrie textile, préfèrent acheter des chemises à très bas prix dans le Sud-Est asiatique plutôt que de les acheter un peu plus cher à leurs partenaires français. Réaction humaine, si l'on veut bien raisonner pour un pays comme pour une ménagère. Mais le problème est le suivant : la conclusion d'accords tarifaires et commerciaux prévoit, aux termes mêmes du traité de Rome (1), le recours à la *majorité qualifiée*. Dès lors, un vice est introduit dans la défense communautaire, car certains pays (et parfois même une majorité de pays) ont intérêt à jouer contre leurs partenaires. Pour éviter cette faiblesse structurelle, il n'y a qu'une seule parade, qu'il conviendrait d'introduire par amendement dans les textes actuels : *édicter le principe de la préférence communautaire et, sur cette base, n'accepter de dérogations qu'à l'unanimité.*

Cette précaution, ce renversement de la charge de l'unanimité, éviterait que se renouvelle la situation burlesque dans laquelle notre gouvernement s'est trouvé placé au cours de l'Uruguay Round, deux mois à peine après le référendum de Maastricht : le voilà en effet piégé par le système de majorité qualifiée dont il avait été lui-même le plus ardent défenseur ; et le voilà, penaud, obligé de brandir la menace du « compromis de Luxembourg », cette arme ultime du veto, dont il avait

(1) Article 113 du traité de Rome.

souligné, tout l'été, qu'il était contraire au nouvel esprit européen ! On nage en pleine incohérence.

Quel dommage que les peuples, pour juger leurs gouvernants, aient abandonné l'aune du principe de non-contradiction : « est, est, non, non » ... Ce principe implique que, par degrés successifs et sans se contredire, depuis la famille jusqu'à l'humanité entière, on établisse une progression ascendante des cercles d'affinités prioritaires. La *préférence communautaire* correspond précisément à cette idée de gradation des devoirs et des protections.

Évidemment, l'édiction d'une préférence communautaire, et notamment de « droits compensateurs des inégalités sociales », implique l'acceptation, par tous les partenaires, de prix un peu plus élevés sur certains produits. C'était exactement le principe admis jusqu'ici dans le domaine agricole, et que l'on étendrait à certains secteurs industriels menacés. Certes, on peut penser que le consommateur est roi, qu'il doit pouvoir librement choisir entre les biens et services à l'échelle mondiale, et que ce processus est le meilleur garant d'une stimulation constante des producteurs pour le plus grand profit de tous. Mais encore faut-il que le libre choix du consommateur s'exerce sur la base de données chiffrées qui ne faussent ni son jugement ni son choix.

Or, lorsque le consommateur choisit d'acheter une chemise du Sud-Est asiatique parce qu'elle coûte deux fois moins cher, il fait naître en France des externalités négatives (chômage, dislocation de certaines familles, exode rural, etc.) qu'il ne voit pas sur le moment, mais qu'il devra payer plus tard sous forme d'impôts, de prélèvements sociaux ou de cotisations-chômage accrus. Lorsqu'il se détourne de la marque française fabriquée par l'usine de son voisinage, et qu'il choisit d'acheter « made in Singapour » ou « Taiwan », le client Dupont croit faire des économies. Et c'est vrai que, dans un premier temps, il en fait. Mais vient vite le moment où l'usine de chez nous ferme ses portes pour cause de faillite. Que se passe-t-il pour notre consommateur averti qui cabriole en chemisette « Singapour » ? Il va retrouver sur sa feuille d'impôt ce qu'il n'a pas versé à la caisse. Le contribuable aura ainsi tôt fait de rattraper le consommateur. En d'autres termes, au bout de la chaîne, le véritable rapport de prix ne sera pas de 1 pour 2, mais s'élèvera progressivement à 2 pour 2... et peut-être bientôt à 3 pour 2, lorsque la concurrence inégale aura fini de détruire chez nous des secteurs d'activités dont la disparition nous rendra dépendants de l'étranger.

Bien entendu, il ne faut pas que ces droits éliminent complètement la pression, l'aiguillon de la concurrence extérieure. Sans elle, les producteurs nationaux seraient sans doute moins portés à l'effort et au progrès, ce qui représenterait aussi un coût invisible pour le consommateur, le coût de tous les gains de productivité virtuels, mais non réalisés. Les droits compensateurs doivent donc être limités aux différences de traitement de la main-d'œuvre susceptibles d'engendrer de véritables inégalités dans la concurrence et non pas être étendus au point de dresser une protection intégrale. Entre « l'Europe-forteresse » et « l'Europe-passoire », il me semble qu'il existe un moyen terme, l'Europe équitable, l'Europe *communautaire*.

Sous cette réserve, les *droits compensateurs* que je préconise n'imposeraient pas de surcoût autre qu'apparent. Mais en réalité, ils nous dispenseraient de graves déséconomies externes, de dangereux traumatismes, et, par un libre-échange mieux ordonné, favoriseraient une croissance plus équilibrée du commerce mondial.

L'asphyxie de l'emploi communautaire

Le 22 juillet 1992, la Commission européenne publiait son rapport sur l'emploi, qui laissait prévoir une nouvelle poussée du chômage dans la Communauté, jusqu'à 9,5 % de la population active en moyenne. Aussitôt, les syndicats tiraient le signal d'alarme, mais sans réussir à se faire entendre, car la campagne référendaire, qui battait son plein en France, obligeait les partisans du « oui » à une relative discrétion sur le sujet. Depuis, les prévisions n'ont fait qu'empirer.

Il y a quelque chose de brisé dans notre Europe. En effet, le rapport Cecchini sur le « coût de la non-Europe » (1986-88) laissait espérer des gains de croissance proches de 1 % par an jusqu'en 1992, et ensuite davantage grâce aux « effets dynamiques » du marché intérieur (1). L'emploi devait s'améliorer de manière concomitante.

François Mitterrand se plaçait probablement dans cette perspective, lorsqu'il promettait aux Français, pour se faire réélire en 1988, de nombreuses créations d'emplois. Il les évaluait alors, au niveau européen, à un ordre de grandeur de

(1) *1992-Le Défi* (Synthèse du rapport Cecchini), Flammarion, 1988. Préface de Jacques Delors.

« deux à cinq millions en quelques années (1) ». Où sont passées ces belles prophéties ?

Les responsables français et européens n'avaient pas saisi que les effets dynamiques sur l'emploi, nés de la levée des douanes intérieures, allaient être largement annulés par trois effets négatifs, qui étaient pourtant tous les trois prévisibles.

— D'abord, la bureaucratie bruxelloise, de plus en plus lourde, qui surajoute aux États nationaux sa propre charge, créant partout des doubles emplois et nécessitant un intense travail de coordination administrative, grignote et dilapide une partie des gains de productivité dégagés par la meilleure efficience des marchés.

— En second lieu, il ne faut pas oublier que dans une économie *ouverte*, le surplus de pouvoir d'achat dégagé par les gains de productivité ne génère pas forcément de la croissance et des emplois. Ce surplus peut tout simplement se trouver détourné pour s'investir dans des pays lointains, du fait des distorsions de concurrence. Cette « fuite » dans le système, complètement omise par nos dirigeants, constitue la clé de compréhension d'une grande partie de nos problèmes actuels (2).

— Troisième effet négatif : le niveau élevé des taux d'intérêt, qui décourage les investissements de *croissance*, susceptibles d'engendrer des emplois, encourage les investissements de *productivité*, générateurs de licenciements immédiats.

Ces taux d'intérêt élevés ne résultent pas seulement d'un soubresaut de l'histoire (la réunification de l'Allemagne), mais d'abord de l'impécuniosité

(1) François Mitterrand, Lettre à tous les Français, 1988.
(2) Voir quatrième partie : « Comment créer des emplois ? »

des puissances publiques qui se sont trop endettées. Et voilà tout simplement que le marché se venge : du côté de la demande de capitaux, une montagne de besoins dus aux déficits publics ; du côté de l'épargne, une offre partout raréfiée, mais plus spécialement en France, où elle est comme avalée par la baleine de Jonas des prélèvements fiscaux ; une offre asséchée aussi par les modifications des modes de vie, sans le correctif, dans notre pays, des fonds de retraite en capitalisation. Au total, nous avons une demande accrue, une offre réduite, et partant de graves tensions sur les taux d'intérêt.

Pour les atténuer, il faut agir sur une variable essentielle : les déficits publics. A de nombreuses reprises, dans les années récentes, les organismes monétaires internationaux ont attiré l'attention des gouvernements sur la nécessité de soumettre leurs dépenses à quelque discipline, pour réduire la pression sur les marchés financiers, détendre les taux d'intérêt et faciliter la reprise de l'investissement et de l'emploi.

Pour le moment, on ne peut pas dire que leurs conseils aient été écoutés. Il suffit d'observer la dérive des budgets publics français, dont le déficit frôle maintenant le plafond fixé par le projet de Maastricht.

Par son comportement singulier, l'Allemagne verse de la chaux vive sur la plaie : en choisissant de financer la reconstruction de l'Est par l'emprunt, plutôt que par l'impôt, elle contribue puissamment à la hausse des taux d'intérêt. Stratégie indolore pour les Allemands : leurs entreprises le ressentent assez peu, en raison de leur forte capitalisation qui les soustrait à un recours trop important à l'endettement. En revanche, les entreprises françaises en souffrent beaucoup, car les décennies de négligence gouvernementale envers leurs fonds propres leur ont interdit d'accumuler des réserves.

Résumons-nous : aujourd'hui, l'Allemagne construit dans ses Länder de l'Est des usines ultramodernes, en propulsant vers le haut des taux d'intérêt qui, par contrecoup, entravent la croissance des entreprises françaises ; et demain, c'est-à-dire dans quelques années, ces *usines flambant neuves*, faisant jaillir le dernier cri de la technique, nous *inonderont de leurs produits* et achèveront ainsi la destruction de notre tissu industriel. Aussi bien peut-on prévoir que l'emploi en France connaîtra, si l'on ne fait rien pour corriger la dérive, des jours encore plus sombres dans les années qui viennent.

Les tasses de thé d'Edimbourg

L'horizon des nations européennes se charge de cumulo-nimbus.

Et pendant ce temps-là, l'Europe instituée s'occupe d'autre chose. Elle s'épuise à faire monter tout le monde dans la bétaillère du fédéralisme bruxellois. A vrai dire, le mot « bétaillère » ne convient pas pour le sommet d'Edimbourg puisque les Danois sont restés en bas du camion. A Edimbourg, justement, le mot « chômage » a été à peine murmuré. Jamais, de mémoire de diplomate, on n'a eu aussi peur de casser la porcelaine. Langues de chat dans les tasses de thé, congratulations et arrangements de protocole pour repriser, rapiécer en douceur ; et pendant qu'on trempait les langues de chat, l'Europe s'enfonçait dans la crise... Cependant que, dans les couloirs, se répandaient de nouvelles essences d'optimisme : les gens de plume avaient bien fait leur travail. A l'euphorie des juristes répondaient l'assurance et la belle humeur des Commissionnaires et des chefs d'État ravis d'avoir pu raccommoder la porcelaine de Maastricht. Un peu comme dans *le Docteur Jivago,* où on voit les bourgeois de Moscou qui s'esclaffent et continuent de trinquer au champagne, pendant que défilent et grondent sous leurs fenêtres les premiers cortèges de la Révolution.

L'insouciance de Bruxelles est fascinante. La machine continue de tourner. Sur elle-même. Avec des *moteurs* qu'on règle à la norme allemande, je veux dire avec des *moutures* qu'on ajuste à la demande de Monsieur Kohl, des astuces de robins qui recollent les morceaux et jouent avec l'argent des autres.

Où est donc passé l'emploi ?

Il a été purement et simplement oublié, englouti par les procédures. Oublié par le traité de Maastricht lui-même puisque, comme l'a dit le professeur Michelle de Mourgues, « non seulement ce texte ne fait pas de l'emploi un objectif prioritaire, mais il le relègue au rang de variable d'ajustement (1) ».

C'est ainsi par exemple que « l'objectif principal » assigné au système européen de banques centrales par l'article 105 consiste à « maintenir la *stabilité des prix* ». Plus généralement, redisons-le encore, les politiques économiques visent à

(1) *Investir*, 18-24 juillet 1992.

réaliser l'idéal, répété à satiété, d'une « économie de marché *ouverte* où la concurrence est *libre* ». L'emploi n'apparaît ici ou là qu'à titre accessoire.

On me dira qu'un bon emploi résulte d'abord d'une bonne économie, et qu'en ce sens il est second. Certes. Mais une bonne économie résulte-t-elle forcément du respect dogmatique de la stabilité des prix ou de l'ouverture extérieure à tous ? L'appréciation doit être nuancée. Car, finalement, l'emploi et la prospérité sont les finalités de toute politique économique. Il est inconvenant de l'oublier, surtout à l'heure où la Communauté européenne affiche le chiffre total de seize millions de chômeurs.

Lassée sans doute de subir des critiques sur ce point, la Commission a proposé au Conseil, qui l'a adoptée le 3 décembre 1992, une « résolution » qui admet la gravité du chômage, et reconnaît qu'une croissance plus soutenue ou une compétitivité accrue des entreprises ne suffiront pas à le résorber.

Comment le problème sera-t-il résolu, alors ? Hélas, on ne voit nulle part mentionnés le GATT, la concurrence déloyale des pays à bas salaires ou l'immigration sans contrôle, toutes questions qui relèvent en théorie du niveau de compétence de Bruxelles. En revanche, comme à son habitude, la Commission préfère venir racasser dans les affaires des États, et même dans celles des partenaires sociaux. Elle semble découvrir notamment que la lutte contre le chômage doit inclure « l'évolution de l'organisation du travail dans les entreprises ». Ce n'est sans doute pas complètement inexact. Mais ce n'est pas l'essentiel. Et en tout cas, ce n'est pas de cela qu'elle devrait s'occuper.

Le fédéralisme à contre-emploi

Lorsque Roland Dumas présenta pour la première fois sa conception du fédéralisme européen devant les députés, le 27 novembre 1991, il dévoila le fond de la pensée élyséenne : « Nous avons pris pour Maastricht le parti d'une mutation fondamentale vers une entité *supranationale* fédérale. » Cette option, cohérente avec celle de la monnaie unique, risque, si elle est poussée à son terme logique, d'entraîner de grands dommages pour l'emploi. En effet, inopportun et inadapté aux situations relatives de nos différents pays, le fédéralisme multipliera les charges de notre économie, au moment même où l'on prétend l'ouvrir sans restriction sur le grand large. Les embarcations surchargées ne vont pas loin, surtout quand on prétend affronter la haute mer.

Le parti pris architectural de la construction européenne qu'on nous propose, en rupture avec le traité de Rome, revient à imposer une armature rigide aux différents pays européens, alors qu'au contraire, toute l'évolution moderne donne une prime à la flexibilité. Demain, le premier sera celui qui réussira à s'adapter le plus rapidement. Le futurologue Alvin Toffler l'a bien résumé : « La CEE essaie pour l'essentiel d'imposer un ensemble de restrictions et de contraintes budgétaires aux nations membres, qui auront d'autant plus de mal à s'ajuster individuellement... L'hypothèse sur laquelle tout cela repose est que les économies modernes requièrent l'homogénéité. Or c'est une hypothèse dépassée (1). » De telles méthodes d'organisation sont en effet obsolètes et coûteuses.

Le surcoût à prévoir avec la monnaie unique sera lui-même d'un montant unique dans les annales. La disparité des situations économiques actuelles, entre pays membres, rendrait impossible toute idée de politique monétaire commune, si n'étaient pas, au préalable, organisés de vastes transferts financiers (comme un énorme système d'écluses mobiles) destinés en théorie à permettre aux plus pauvres de s'élever rapidement à notre niveau. Douce illusion, d'ailleurs. Mais passons. Reste l'équation infernale, comme la meule qui tourne : harmonisation forcée = surcoût = handicap supplémentaire de l'Europe dans la concurrence internationale.

Ce handicap serait d'autant plus lourd que la nouvelle organisation fédérale s'additionnerait aux administrations nationales existantes, sans jamais rien leur soustraire. En somme, nous sommes en train de refaire, au niveau européen, l'opération d'empilement administratif que nous avons menée en France à une plus petite échelle : surajouter la région au département, sans oser choisir entre les deux. Les contribuables locaux savent ce que cela signifie. Pour ma part, si j'ai clairement choisi de faire l'économie de l'échelon fédéral, en souhaitant ardemment que la future Europe soit une *confédération réussie* plutôt qu'une *fédération manquée*, c'est notamment pour ne pas hypothéquer les ressources de souplesse et d'élasticité nécessaires à l'économie moderne, dans la nouvelle compétition mondiale, où les grammes en trop et les lourdeurs ne pardonnent pas.

(1) *Le Figaro*, 30 septembre 1992.

La convergence déflationniste

Il est sans doute, à l'heure où j'écris ces lignes, un peu surréaliste d'évoquer encore les « critères de convergence » qui devaient baliser les chemins vers la monnaie unique, et d'analyser leurs possibles effets négatifs : en effet, nous sommes à de nombreux vols de chapons de l'objectif de ladite monnaie unique, puisque, à chaque marée un peu forte, les membres du « système monétaire européen » sont éjectés par-dessus bord les uns après les autres ; alors même qu'il apparaît de plus en plus difficile de mettre toutes ces fortunes de mer sur le compte des « malfaisants partisans du non à Maastricht », frappés un moment d'anathème, avant l'automne, comme des gens de basse campagne, puis désignés à la vindicte comme des chouettes-effraies qui auraient, en quelque sorte, « enjominé le traité ».

Toutefois, comme on a dérangé les Français pour voter sur ce texte, et qu'il se trouve encore théoriquement sur la voie de la ratification collective, il faut rappeler ici quelques-unes de ses prescriptions, ne serait-ce que pour mieux faire ressortir, s'il en est encore besoin, leur caractère parfaitement irréaliste.

Le projet de Maastricht édicte donc des « *critères de convergence* » susceptibles, à l'intérieur de délais assez stricts, de rapprocher les politiques et les situations économiques des pays membres de la Communauté, de manière à pouvoir mettre en œuvre une monnaie unique au plus tard le 1er janvier 1999.

Ces critères concernent le niveau de hausse des

prix, de l'endettement, du déficit public, la participation normale au SME et son caractère durable, le rapprochement des taux d'intérêt.

Mais compte tenu de la disparité des situations de départ — encore accrues depuis le référendum — ces critères nécessiteront, pour les pays les plus excentriques, des ajustements sévères et obligatoires, passant nécessairement par des politiques monétaires plus restrictives, et des politiques budgétaires plus contraignantes. Plusieurs organismes internationaux ont réfléchi à cette question, afin d'évaluer l'impact des critères de Maastricht en termes de déflation et donc d'emplois. Les résultats obtenus sont apparus si consternants qu'ils furent promptement mis sous le boisseau. C'est même le seul embargo réussi de la décennie : l'embargo sur les chiffres. Pour ne pas désespérer Bruxelles.

Ce qui ressortait de ces études alarmantes, c'est que la sévérité des ajustements nécessaires, surtout dans les pays du Sud de l'Europe, allait entraîner chez eux une grave crise, dont les conséquences récessionnistes se répercuteraient ensuite sur l'ensemble de la Communauté. Des chiffres effrayants étaient cités : en Espagne, « une poussée du chômage de 16 à 19 % », en Italie une « explosion historique du chômage ».

Avec cynisme, on nous a alors expliqué que, de toute façon, monnaie unique ou non, il faudrait bien procéder à ces « corrections » si les pays concernés voulaient un jour être bien gérés. Oui, peut-être, mais pas forcément dans ces conditions. Car le projet de la monnaie unique, avec son calendrier précis, ses obligations de rythme et d'intensité, son objectif radical (une monnaie unique et rien d'autre), enfermait les pays « divergents » dans un processus infernal, générateur de chômage.

J'ai encore entendu récemment quelques pythies prédire que ces étapes intermédiaires difficiles nous ouvriraient ensuite des « lendemains qui chantent ». On connaît la rengaine. Mais pour arriver à cette époque bénie, encore faudrait-il, dans l'intervalle, survivre au choc social d'un chômage à 20 %. L'Italie, par exemple, dont on connaît la fragilité des structures étatiques, y résisterait-elle ?

On ne peut pas rayer d'un trait de plume ces questions douloureuses. Changer aussi profondément et aussi rapidement de système monétaire comporte un coût. Or, si le « coût de transition » est exorbitant, le jeu n'en vaut pas la chandelle.

D'autant que l'unicité de la monnaie, en elle-même, comporte un risque de chômage plus élevé que la pluralité de monnaies. D'abord parce que, chaque situation économique gardant ses différences, le pays le plus fort peut diriger la monnaie unique selon ses besoins, laissant les autres s'ajuster comme ils peuvent. Et aussi parce que, si une économie subit un choc — par exemple la France en 1968 — elle ne peut plus réviser sa place relative par la méthode douce de la dévaluation : elle ne peut y parvenir, à bref délai, que par la méthode dure des compressions d'emplois.

La Banque des Règlements Internationaux, dont on connaît la qualité des experts, avait, dans son rapport de juin 1992, mis l'accent sur une troisième raison de craindre encore plus de chômage : le risque de revendications salariales dans les pays les moins développés de la Communauté, attisées par la facilité des comparaisons que permettrait la monnaie unique. Cette situation, écrivait la BRI, pourrait entraîner « des effets indésirables sur le chômage » dans ces pays (1).

Il est clair, et de multiples économistes de renom — Milton Friedman, Martin Feldstein, Jean-Jacques Rosa, Florin Aftalion, Pascal Salin, Maurice Allais... — l'ont confirmé, que l'Europe ne constitue pas, aujourd'hui, une « zone économique optimale », où l'on pourrait imposer, sans dommages pour la croissance et l'emploi, la rigidité d'une monnaie unique. Pourtant, malgré tout ce que l'on sait désormais des effets récessifs de ce projet, il continue d'être mis en avant par nos dirigeants, qui paraissent y avoir investi ce qui leur reste de crédit.

Retrouver le sens du système monétaire européen

Pourtant, sur le terrain, le débat n'est plus là. Il a reculé d'un cran. Il tourne plutôt maintenant autour du maintien des contraintes du système monétaire européen, après la défection de plusieurs de ses membres. On parle d'un « noyau dur », composé des quatre membres de la « zone Mark » et... de la France.

La France ne sera-t-elle pas tentée, à son tour, de prendre sa liberté ?

Bien sûr, une telle sortie pourrait augmenter les craintes sur les fluctuations de notre monnaie, et donc la « prime de risque » déjà demandée par les investisseurs pour s'y placer. Mais, en sens inverse, jouerait aussi un autre effet : nous retrouverions

(1) Rapport annuel de la Banque des Règlements internationaux, juin 1992, p. 145.

peut-être la capacité de nous décrocher plus ou moins des taux allemands. Un tel résultat ne pourrait qu'être favorable à la croissance et à l'emploi dans notre pays.

De ces deux effets en sens contraire, lequel l'emporterait ? Probablement le second, comme le montre le récent exemple de la Grande-Bretagne qui, après avoir renoncé au SME pour laisser flotter la livre sterling, a pu, dans les temps qui ont suivi, abaisser de 2 % ses taux d'intérêt à court terme, et a vu le Stock Exchange s'orienter à la hausse. Mais plutôt que de me livrer à des exercices de futurologie, je préfère demeurer sur le terrain stable de l'économie réelle et poser le problème autrement.

Les taux d'intérêt élevés ne viennent pas d'intentions maléfiques de tel ou tel à notre égard, même si les résultats en sont très négatifs pour nous. Ils naissent de la ponction exercée sur les marchés financiers par les déficits publics, particulièrement celui de l'Allemagne (près de 6 % de son PIB). Il faut donc présenter à ce pays un contrat très clair : *ou bien* vous croyez à l'intérêt commun de maintenir le SME, et à ce moment-là vous acceptez vous aussi des contraintes plus grandes, *ou bien* nous n'avons plus de raison de nous sacrifier, et chacun joue son jeu.

Il ne me semble pas possible que nous subissions à la fois :

— les contrecoups des politiques budgétaire et monétaire allemandes, qui nous transfèrent une partie du coût de la réunification, au nom de la solidarité européenne ;

— et l'absence de solidarité, précisément, de nos partenaires, lorsqu'ils font monter les taux d'intérêt, qui affectent moins leurs entreprises que les nôtres, ou se font tirer l'oreille pour nous soutenir dans des négociations vitales comme celle du GATT.

Mais avant tout, pour être forts dans une telle négociation, il faut renforcer notre économie. C'est le seul traitement qui aille vraiment au fond du problème. Lui seul nous épargnera de rester « à la remorque de l'Allemagne ».

L'Europe pour l'emploi

La planète sera dominée désormais par quelques grands pôles industriels, les États-Unis, le Japon... Il faut que l'Europe soit le troisième. Dans ce but, la Communauté doit abandonner sa stratégie actuelle, combinaison bizarre de construction intérieure d'un super-État et de politique commerciale invertébrée à l'extérieur.

La politique commerciale européenne doit être cohérente, ferme, volontaire, résolue à épauler sans complexe la montée en puissance de notre pôle industriel, en privilégiant la préférence communautaire. Pour cela, il est inutile de faire « exploser » le GATT. Mais, il faut exiger qu'il change de philosophie, qu'il accepte la prise en compte des coûts sociaux, qu'il reconnaisse la légitimité de l'application aux produits importés chez nous de *normes sociales,* comme on applique des normes de sécurité ; qu'il admette enfin, une bonne fois pour toutes, le droit à l'existence de zones de préférence régionale.

Parallèlement, nous devons mettre en place, en Europe, les conditions optimales de développement de notre industrie. Mais je ne me réfère nullement ici aux marottes habituelles des technocrates : la *cartellisation des États,* qui s'entendent pour imposer des règles uniques ou des monopoles, comme celui de la monnaie ; le *dirigisme,* avec l'utopie destructrice d'une politique industrielle où l'État piloterait les entreprises ; enfin *la redistribution géante,* comme Maastricht la prévoyait, entre régions de la future Union. Nous voulons le développement de notre industrie, mais *par* le marché, non *contre* lui. Pour cela, que faut-il faire ?

— réduire les prélèvements européens, et non les augmenter par des redistributions interrégionales ou de nouveaux systèmes « d'aides » ;

— favoriser l'organisation de notre industrie, en soutenant les actions de coopération à travers l'Europe, et en évitant surtout de casser sa montée en puissance, comme la Commission l'a fait pour l'aéronautique, sur le dossier De Havilland ;

— ne pas sacrifier à l'uniformisation a priori, mais écouter davantage l'expression des besoins des entreprises. Dans ce but, il faudrait mener un véritable audit des besoins, au cours duquel les technocrates ne parleraient pas à la place des industriels ;

— enfin Bruxelles, et c'est bien le minimum, devrait coordonner ses propres politiques, qui suivraient désormais un *fil directeur commun.* En effet, aujourd'hui, chaque « DG » (direction générale) définit elle-même le sens de ses actions, souvent avec un juridisme étroit.

Désormais, pour que l'Europe développe l'emploi au lieu de le détruire, Bruxelles devra intégrer toutes ses politiques dans un véritable dessein de l'avenir européen à l'échelle mondiale.

3

La vraie mission de l'État libéral,

maintenant que nous savons...

Depuis la fin de la dernière guerre, la gauche et la droite vivaient, avec des théories différentes, sur l'illusion commune du « *plein-emploi naturel* ». Pour la gauche, une société collectiviste, comme l'URSS, enregistrait forcément un chômage zéro, puisque les unités de production, appartenant toutes à l'État, n'étaient plus tournées vers la recherche du profit, mais vers la « maximisation du bien-être social ». Pour la droite, le marché du travail, s'il n'était pas perturbé par des interventions intempestives de l'État, devait s'équilibrer de lui-même dans une situation d'emploi maximum (sous réserve du « chômage frictionnel »), au point où les salaires correspondent à la productivité marginale de chaque travailleur.

Que de désillusions !

La gauche a dû progressivement se faire à l'idée que le plein-emploi soviétique n'était qu'une tromperie statistique de plus, et que ce mensonge cachait partout la paresse, l'absence de travail, et le parasitisme aux dépens de la société. En un mot, le socialisme réel, cassant le ressort de toutes les disciplines et de l'intérêt personnel, devait s'enfoncer peu à peu et faire cortège à l'échec de ses propres normes, avec une dramatique sous-productivité, conduisant finalement le pays au fond du gouffre. Vérification supplémentaire de leurs erreurs et de leurs transpositions idéologiques sur le mode mineur, les socialistes français devaient eux-mêmes comprendre, mais trop tard, que les entreprises nationalisées, présentées en 1982 comme « l'instrument de reconquête du marché intérieur », le « fer de lance » de la croissance et de l'emploi, s'étaient transformées, au mieux en firmes de routine, au pire en boulets pour l'économie.

La droite, elle, quoique satisfaite de voir ses théories l'emporter, se trouve aujourd'hui confrontée à de redoutables problèmes pratiques : le dilemme de l'assistance, l'impasse keynésienne.

Le dilemme de l'assistance

La théorie classique du marché du travail est parfaite... en théorie. Mais, chaque travailleur étant rémunéré à sa productivité marginale, qu'arrive-t-il si, dans une société développée, ou qui se veut telle, la productivité marginale de certains d'entre eux n'atteint pas le niveau nécessaire pour leur assurer une vie décente, ou même la simple survie ?

Si vous répondez qu'il faut laisser faire pour ne pas perturber le *libre jeu* des lois économiques, vous mettez en place les conditions d'une explosion sociale qui, évidemment, perturbera encore plus le marché.

Si au contraire, vous répondez que l'État doit, par des mécanismes réglementaires, assurer la subsistance de tous ceux dont la productivité marginale est inférieure au seuil de pauvreté, alors vous risquez de déclencher une multitude d'effets pervers, de rendre opaque la répartition du produit social, de faire apparaître un chômage de masse, d'inciter à son augmentation permanente, et enfin de rendre inopérantes les politiques macroéconomiques de correction.

Malgré tous ses inconvénients, c'est la seconde solution qui semble le mieux respecter la *dignité* des hommes, et concilier avec le moins de contradictions la liberté de l'économie et la justice sociale. Les plus grands auteurs libéraux s'y sont d'ailleurs ralliés, comme Friedrich Hayek, qui a proposé un système de revenu minimum.

Malheureusement, les formules de ce type posent des problèmes pratiques redoutables, et surtout occasionnent une recrudescence automatique du *chômage induit* par la perspective d'un revenu sans travail. Dérive qui, à son tour, risque de déséquilibrer complètement le financement du système et d'aboutir, malgré les bonnes intentions initiales, à un résultat désastreux. Il faut trouver des solutions d'équilibre, qui ne seront jamais, d'ailleurs, que des cotes mal taillées.

L'impasse keynésienne

Secoués dans leurs convictions par la crise de 1929, les libéraux ont découvert chez Keynes le « multiplicateur de la demande », instrument miracle qui permettait, disait-on, de relancer la croissance et de réduire le chômage grâce aux dépenses publiques, même inutiles.

Malheureusement, la théorie de Keynes, destinée officiellement à réguler le système de marché, l'a en réalité profondément et durablement perturbé en fournissant un bon prétexte à des *interventions étatiques* multiples, et en manquant de réussir « l'euthanasie des capitalistes » par les prélèvements obligatoires.

Quant à ses succès sur le terrain pour faire reculer le chômage — son objectif initial —, ils paraissent plutôt minces.

La grande période de référence habituellement citée à l'appui d'une telle politique — le New Deal de Roosevelt aux États-Unis, à partir de 1933 — n'est pas probante ; il n'y a jamais eu de véritable dégonflement du sous-emploi tel qu'on pût y voir une victoire des remèdes keynésiens. Les études récentes le montrent à l'évidence (1). Pire encore, même les énormes dépenses militaires de la Seconde Guerre mondiale n'enclenchèrent aux États-Unis aucun effet « multiplicateur » particulier ! (2). Quant à l'après-guerre, l'économie ayant retrouvé le chemin de la croissance et du plein-emploi, les remèdes keynésiens eurent d'autant moins de mal à vaincre le chômage que l'économie avait recouvré la santé.

Aujourd'hui, on peut dire que, même à l'ENA, Keynes est mort, bien mort, pour au moins quatre raisons qu'il reste prudent de garder à l'esprit :

— lorsqu'il existe un déséquilibre *structurel* entre l'offre et la demande d'emplois (3), la relance de l'économie par la *dépense publique* n'entame guère le

(1) Richard Vedder et Lowell Gallaway, « Why Johnny can't work. The causes of unemployment », *Policy Review*, automne 1992.

(2) Robert J. Barro, « Keynes is still dead », *Wall Street Journal*, 3 novembre 1992.

(3) Voir annexe « Radioscopie du chômage en France ».

chômage. Autrefois, vous injectiez de l'argent public, qui permettait la création d'emplois, aussitôt pourvus, et le tour était joué. Aujourd'hui, si par bonheur vous parveniez à favoriser la création de cent mille postes de travail nouveaux, vous auriez la déception de constater que peut-être la moitié d'entre eux restent vacants, faute de pouvoir trouver les qualifications nécessaires ;

— dans une économie *ouverte,* il n'est plus question d'opérer une relance keynésienne isolément. Car les dépenses publiques supplémentaires se perdraient en grande partie à l'extérieur. Et le pays affaibli verrait bien vite sa monnaie attaquée, avec toute la série habituelle des conséquences négatives ;

— les déficits et les *endettements* des États sont trop élevés. Comment voudrait-on que les gouvernants procèdent à une relance s'ils ne peuvent emprunter encore plus ? En augmentant leurs prélèvements obligatoires ? Mais cette mesure entraînerait probablement un effet récessionniste, avant même que la dépense correspondante ne soit effectuée !

— enfin, lorsque le chômage menace, que le pouvoir d'achat ne progresse guère (ou même régresse, quand on en défalque l'ensemble des prélèvements obligatoires), que le poids relatif de l'endettement s'alourdit du même coup, que la valeur des patrimoines diminue en raison de l'asthénie boursière ou de la crise de l'immobilier, où veut-on que les particuliers ou les entreprises aillent chercher les *anticipations positives,* l'optimisme envers l'avenir, qui seuls, selon la théorie, peuvent permettre au fameux « *multiplicateur* » d'embrayer ?

Peut-être le keynésianisme aurait-il constitué un

bon remède, à petites doses, et à titre exceptionnel. Mais le malade a avalé toute la boîte, alors même qu'il n'en avait pas vraiment besoin. Si bien que le malade ne va pas bien. Keynes, lui, en est mort.

Une initiative de croissance européenne ?

Puisqu'on ne peut plus invoquer les mânes des docteurs keynésiens et que la croissance stagne, que faire ? Et voilà qu'on nous propose la pierre philosophale : une relance européenne ! Par le biais d'un vaste programme d'infrastructures à l'échelle du continent.

Et beaucoup d'esprits échauffés d'enfourcher ce nouveau destrier ! Mais cette composition alchimique, pour réussir la transmutation du chômage en plein-emploi, suppose un brin de miracle : car elle nous oblige à croire de toutes nos forces qu'une *erreur* sans rémission au niveau national devient soudain, pour peu qu'elle soit transposée au niveau européen, une vérité prometteuse. En effet, le financement de l'opération, qui selon la Commission de Bruxelles devrait, pour être efficace, porter sur des sommes astronomiques (environ 1 000 milliards d'écus, soit 7 000 milliards de francs français, ou encore 1 % du PIB européen), appelle à la plus grande perplexité. Quel que soit l'instrument choisi, Banque Européenne d'investissement ou autre, il faudrait bien, finalement, soit *emprunter*, soit *imposer*. On retombe alors dans les vieilles ornières où l'économie s'enlisait, sous nos regards navrés. Si on cherche à sortir de la fondrière par l'endettement public (consolidé) accru, on enregistrera les plus vives tensions sur les taux d'intérêt ; si on choisit de tirer du côté de l'impôt, on fait peser un peu plus de prélèvements obligatoires sur la tête de chaque contribuable. Il est vrai que, d'une phrase lapidaire, et quittant pour un instant son philtre magique, M. Michel Sapin, ministre des Finances, a dissipé toutes les objections : « Je le répète : aucun pays ne dispose de marge budgétaire nationale. Il faut jouer sur l'effet " *boule de neige* " européen (1). »

Je laisse le lecteur méditer sur le sortilège de l'effet « boule de neige », grâce auquel des pays qui, pris séparément, n'ont pas un sou, dégageraient tout à coup les financements idoines par le seul jeu de leur présence, assis ensemble autour de la même table. Pour ma part, je crois qu'il s'agit tout simplement d'une nouvelle formule pour augmenter nos impôts sans nous le dire de but en blanc.

Pourtant, deux idées méritent d'être retenues : 1) l'Europe (et la France) ont besoin de meilleures infrastructures, et 2) en dehors de toute théorie du « multiplicateur », certains investissements publics soigneusement sélectionnés peuvent se révéler très bénéfiques. C'est le cas de certaines infrastructures du transport. J'y reviendrai plus loin.

La nouvelle courbe de Laffer

Avant la crise pétrolière de 1974, la France se situait à peu près dans la moyenne des grands pays industrialisés, pour le chômage (autour de 2,5 % de la population active), comme pour les prélèvements obligatoires (autour de 30 % du PIB). Mais

(1) *Le Figaro*, 27 novembre 1992.

par la suite, pour notre pays, et pour lui seul, les deux courbes dérapèrent en même temps : le chômage atteint aujourd'hui 10,4 % officiellement, et 17 ou 18 % en termes réels (en tenant compte du « traitement social ») ; le prélèvement public s'est envolé vers le pourcentage de 43,9 % ; l'un et l'autre laissent loin en arrière nos principaux partenaires (1).

Ces dérapages simultanés résultent-ils d'une simple coïncidence ?

Certains observateurs répondent que oui. Pour eux, le chômage est dû à un affaiblissement des entreprises françaises qui vient de loin : exactement de la décennie 1973-83, où notre pays a fait le choix d'un partage de la valeur ajoutée beaucoup plus favorable aux salariés que dans les autres pays de la CEE. Bref, notre pays n'a pas assez investi. Mais cette explication reste incomplète, car il ne faut pas oublier que les salariés n'ont pas entièrement profité du surplus de rémunération ainsi gagné, loin de là : sur la période 1973-91, 60 % de l'accroissement des salaires a été dévoré par les hausses de cotisations sociales ! Nous revenons donc à la question de départ : y a-t-il un lien, et lequel, entre prélèvements obligatoires et chômage ?

Tournons-nous alors vers les théoriciens. Encore une fois, se présente un fort contingent d'experts qui nie l'existence de tout lien, expliquant que les prélèvements obligatoires n'exercent pas en eux-mêmes une influence négative, et qu'ils peuvent très bien financer des dépenses publiques *utiles* à la croissance et à l'emploi. Affirmation aussitôt

(1) Voir annexe 2.

contredite par d'autres observateurs de la vie économique, qui exposent que les prélèvements obligatoires correspondent par nature à des allocations de ressources moins efficaces que celles du marché, et donc forcément à une *déperdition d'énergie*. En conséquence, il n'est pas étonnant de voir les courbes du chômage et des prélèvements publics déraper en même temps.

Les deux camps ont raison. Pour le comprendre, il suffit d'élargir le champ couvert par la fameuse courbe « en cloche » de l'économiste américain Laffer, qui décrit l'évolution du rendement des impôts par rapport à leurs taux : d'abord, le rendement de l'impôt s'élève avec le taux d'imposition, puis, au-delà d'un point d'inflexion, il diminue au contraire, alors que le taux continue d'augmenter. En fin de course, le taux est de 100 % et le rendement de 0 : conclusion logique puisque, la totalité du revenu se trouvant confisquée, plus personne n'a intérêt à produire.

Il en va de même pour le *rendement* des administrations publiques dans leur ensemble. Aussi longtemps que la puissance publique consacre l'essentiel de son effort au financement des services à *rentabilité largement positive* pour le marché (définition des règles du jeu, justice, police, grandes infrastructures), la courbe de son efficacité augmente, bien que les prélèvements obligatoires s'élèvent aussi. Mais lorsque le *point d'inflexion* est dépassé, que l'État se laisse aller à financer des services relativement moins utiles, ou que, pire encore, il emprunte pour couvrir ses charges de fonctionnement, comme le fait le gouvernement français, le rendement de l'appareil public *décroît* rapidement.

D'*auxiliaire* précieux de l'économie, l'État se

transforme alors en *parasite*. De partenaire dans la prospérité, il devient prédateur de valeur ajoutée, producteur de chômage et de pauvreté.

La France, tout l'indique, est passée aujourd'hui du mauvais côté de la courbe.

Les prélèvements obligatoires contre l'emploi

Alors les conséquences sur l'emploi deviennent désastreuses. La première, et la plus évidente, c'est le surdimensionnement de l'État qui désavantage notre économie dans la concurrence internationale, en la grevant de charges trop lourdes, et en absorbant des ressources qui seraient plus utilement affectées à l'investissement productif. Nos entreprises courent avec des semelles de plomb pendant que les entreprises voisines courent avec des semelles de vent.

D'autres effets pervers, pour être moins connus, jouent tout aussi fortement contre l'emploi :

— *le gaspillage des élites*

Quand le secteur public est trop étendu, que la société civile est faible, les jeunes gens vont vers l'État, *comme aspirés par le statut protégé*. Ils se détournent ainsi, au temps de leurs premiers enthousiasmes et de leurs plus belles audaces, de la culture et du *risque d'entreprise*.

L'institution emblématique de cette hégémonie de la puissance publique, avec tous les attributs du prestige et de l'efficience, c'est l'ENA. Il n'y a pas si longtemps encore, cette école fascinait toutes les familles de France. On y rêvait de voir un fils ou une fille entrer « dans le Service Public ». Et à quoi rêvaient donc les majors et lauréats des promotions de l'ENA ? A quelle conquête, à quel défi qui eût rappelé Vauban ou Colbert ? Tout simplement, ils rêvaient à leurs notes, à leur classement ; afin de pouvoir choisir, à la sortie de leur scolarité, l'Inspection des Finances, la Cour des Comptes, le Conseil d'État, c'est-à-dire des corps de *contrôle*. Et c'est ainsi que, depuis plusieurs décennies, les jeunes gens de l'ENA rêvent d'inspecter plutôt que de bâtir ou d'entreprendre, rêvent de contrôler plutôt que d'administrer, d'administrer plutôt que de risquer leur talent en créant des entreprises. La figure symbolique de ce grand détournement d'énergie aura bien été cette rencontre durable et subtile de la sécurité et du prestige, orphelins de la hardiesse et du panache. Le seul risque d'un énarque, c'est de manquer un barreau de l'échelle, l'échelle de la carrière. Le seul péril encouru est de se retrouver au Bureau des Anciens Combattants ou au Bureau des Cultes, où l'on court le « risque » d'être oublié, encalminé dans le pot au noir d'une administration de pure consommation de crédits.

Les lieux de prestige sont les lieux de la dépense ; où on est censé appliquer, avec diligence, le principe du bon berger : tondre les moutons, avec régularité, jusqu'à la dernière laine, mais sans jamais les écorcher. Le principe de base, c'est que *toute* dépense *publique* est honorable, parce qu'ordonnée à une bonne intention. Et voilà où est la source majeure de gaspillage. En fait, il faudrait comparer, chaque fois, l'utilité de chaque nouveau franc prélevé par l'impôt, à celle de la même somme laissée à la disposition du marché. Ce serait une véritable révolution mentale.

Je me souviens bien d'un préfet important de la haute époque, respecté jusqu'en Ile-de-France, qui, craignant sans doute cette révolution, exprimait tout cela d'un mot fleuri, dans une mise en garde ironique à ses sous-préfets d'arrondissement : « *Nous sommes les jardiniers de la France. Nous sommes les cultivateurs de l'impôt. Alors, binons sans relâche, cultivons-le en abondance, car, lorsque vient le temps du fleurissement, c'est nous à qui il revient d'offrir les fruits et les fleurs.* » C'était le temps où l'État avait de l'argent, où les préfets avaient beaucoup à distribuer. C'était le temps des Trente Glorieuses. Mais depuis ce temps-là, on ne compte plus les moutons qui ont été écorchés. Le Berger s'est endetté et appauvri.

— le gaspillage des énergies stérilisées par le chômage

25 % de la population active de la France travaille ainsi à l'abri du risque, ayant pris refuge à la « Bergerie », c'est-à-dire que 25 % des Français actifs travaillent dans le secteur non marchand, bénéficiant en général de la haute protection d'un statut — contre 20 % au Royaume-Uni, 16 % en Allemagne, 14 % aux États-Unis, 6 % au Japon (1). Les ajustements portent sur les 75 % qui restent. Rapporté à eux, notre taux de chômage apparaît encore plus élevé, puisqu'il approche alors 14 %. Nul ne peut ignorer le caractère injuste et imprudent de cette inégalité, d'autant que le salaire annuel net moyen du secteur public dépasse désor-

(1) Voir annexe 3.

mais celui du privé (1), et que la « contribution solidarité » versée par le fonctionnaire représente moins de 1 % de son traitement, alors que les Assedic demandent au privé près de 2 % en part salariale, et 4 % en part patronale.

— *la boulimie de sur-réglementation*

L'école des « choix publics » a bien montré que la sous-estimation du coût réel de l'activité administrative entraîne une surproduction de règlements. Cette incontinence se manifeste tant par l'abondance que par le caractère tatillon des contrôles, la complexité intellectuelle des systèmes mis en œuvre, et leur très grande variabilité dans le temps, qui est fonction du souci de perfectionnement et de la conscience professionnelle qui anime les rédacteurs. Le résultat sur l'emploi est garanti : une enquête récente auprès de grands patrons qui avaient choisi de s'implanter à l'étranger plutôt qu'en France, montrait qu'ils avaient pris leur décision en raison de la lourdeur des réglementations dans notre pays, et de la précarité du droit, surtout en matière fiscale.

— *l'étouffement de la croissance des PME les plus créatrices d'emplois*

L'Institut Français pour la Recherche sur les Administrations Publiques (IFRAP) vient de publier un dossier accablant, démontant le mécanisme par lequel la bureaucratie détruit les emplois

(1) En 1990, 114 400 F pour le public et 109 300 F pour le privé. A noter toutefois : la relation est inverse si l'on ne considère que les cadres supérieurs, qui sont moins bien traités dans le public.

productifs. Parmi les engrenages qui broient et découragent les meilleures intentions et les plus farouches volontés des créateurs de valeur ajoutée, citons le poids de l'État, notre régime fiscal très défavorable, des systèmes d'aide qui coûtent cher et n'engendrent que des saupoudrages inutiles ; de là vient sans doute l'insuffisance de notre réseau de PME qui devrait normalement mener la bataille de l'avant dans la lutte contre le chômage (1). D'autres pays n'ont pas ce handicap : le tissu allemand de PMI de 20 à 500 salariés est supérieur de 30 % au tissu français. Aux États-Unis, l'entreprise médiane emploie 55 salariés, 25 au Japon, mais 80 en France.

Il n'y a pas de doute : les prélèvements obligatoires parasitent l'emploi productif, inhibant par ailleurs chez les créateurs virtuels, entrepreneurs et entreprenants, le goût du risque, l'intérêt à investir, et la propension à travailler. En échange, l'État crée des postes administratifs, trop souvent de simples trompe-l'œil, qui pèsent sur les charges de l'économie. Au stade de phagocytose où nous sommes, lutter contre les prélèvements obligatoires, c'est évidemment lutter pour l'emploi.

Redéfinir les devoirs de l'État

Pas besoin, pour cela, de tuer l'État. Il s'agit seulement de le ramener sur le versant « vertueux » de la courbe de Laffer. Quels devraient être alors ses devoirs, pour une politique libérale du retour à l'emploi ?

(1) Voir annexe 12.

Premier devoir : garder les frontières, et donc préserver les acquis sociaux légitimes.

En effet, une économie développée, ouverte à l'immigration du Tiers Monde, enregistre tôt ou tard trois effets néfastes :
— l'accroissement du nombre des chômeurs à charge de l'assistance publique ;
— une pression à la baisse des salaires pour les emplois les moins qualifiés, et des avantages sociaux en général, l'échelle des rémunérations s'allongeant vers le bas ;
— un partage des revenus plus favorable aux intérêts des détenteurs d'épargne, puisque le capital devient relativement plus rare (1).

Pour éviter ces déconvenues, il faut réévaluer l'idée de *frontière*, comme cercle de *responsabilité* où une communauté donnée recueille les fruits de son travail, en termes de progrès social et d'emploi. Si l'on veut aider les pays pauvres, il faut commencer par fortifier le cercle de responsabilité qu'est la nation, qui est justement un cercle de création de richesse. Si ce cercle est gravement perturbé dans ses délimitations et donc dans son état de droit, c'est la richesse qui est tarie. Et tarie pour tout le monde. Précisément, cette idée de frontière est celle-là même qui est attaquée par l'idéologie du GATT et celle de Maastricht, toutes deux encore une fois sur la même longueur d'ondes. Contre ces constructions funestes, il faut réconcilier Nation et emploi.

(1) « The age of waste : some ideas on full employment », *Revue d'économie appliquée*, n° 1, 1989.

Deuxième devoir : protéger les valeurs qui permettent au marché lui-même de fonctionner.

Au XIXe siècle, le problème de la diffusion des valeurs civiques et morales se posait beaucoup moins qu'aujourd'hui. Comme l'a fort bien écrit René Lenoir, « les pères fondateurs du libéralisme économique, un John Locke, un Adam Smith, vivaient dans un univers de *valeurs fortes,* préexistantes à celles d'efficacité, valeurs qui n'avaient pas à être explicitées tant elles paraissaient naturelles et communes. Nous vivons dans un autre univers (1) ». Ces valeurs — l'honnêteté, le civisme, la parole donnée, le sens de l'engagement, sans lesquels il n'y a pas de contrat qui tienne, la responsabilité personnelle, le goût de l'effort productif plutôt que de la rapine, l'égalité des droits, le désir de s'élever par le travail et l'épargne — sont pourtant toujours aussi nécessaires au fonctionnement du marché. L'État doit veiller à ce que le système éducatif les transmette, et à ce que les immigrants qui veulent demeurer en France aient pris soin de les assimiler. De même, le soutien, au moins temporaire, des chômeurs par l'État répond au souci de les aider à préserver une dignité d'individus responsables, et à tenir leurs obligations de citoyens dans la société (2).

(1) René Lenoir, « Le Marché sans l'État ? », *Politiques,* n° 1, hiver 1992.

(2) L.M. Mead, *Beyond entitlement : the social obligations of citizenship,* New York, Free Pess, 1986.

Troisième devoir : respecter les droits de propriété.

A travers les hommes qui exercent l'autorité, l'État doit rester bien persuadé que ce n'est pas lui qui *crée* le développement économique, ce n'est pas lui qui *crée* les vrais *emplois*. Ces richesses naissent toutes, par capillarité, depuis la base, à partir des individus qui prennent des risques, décident d'investir, font des choix de production ou de consommation, ouvrent des postes nouveaux, et souvent créent eux-mêmes leur propre emploi, en fondant une entreprise. Pour ne pas casser cette grande machine décentralisée, l'État doit respecter les droits des individus, et parmi eux les droits de propriété.

Ces droits forment l'ossature du développement économique, et donc de la création d'emplois. Or un des grands maux dont souffre notre pays, c'est la *non-fiabilité des règles de propriété*, qui peuvent d'un jour à l'autre être modifiées, bouleversant ainsi les calculs économiques, et confisquant les fruits du travail. Alors que l'État devrait favoriser la libre expression des talents en leur procurant un cadre *stable*, il est souvent le premier à déstabiliser les codes et les règles, la plupart du temps au nom d'une recherche mal comprise de « l'équité ». Voilà comment on augmente le chômage, en générant, au nom même de l'équité, la plus grande iniquité.

L'État doit modifier son comportement. Déjà Bruxelles (parfois bien inspirée) l'a obligé à progresser dans le bon sens, en exprimant des réticences devant les extensions du secteur public, et en proscrivant les subventions arbitraires. Il faut aller plus loin. Par exemple, inscrire enfin la liberté du commerce et de l'industrie dans notre Constitution, comme un de ses principes fondamentaux; décider qu'une nationalisation ne pourra plus être effectuée que par une majorité des trois quarts (afin de garantir qu'il s'agit d'un cas incontestable, faisant l'objet d'un consensus) ; interdire à l'État de s'exonérer lui-même du principe de non-rétroactivité en matière fiscale; réduire les prélèvements obligatoires, ces mille petites *expropriations* de la vie quotidienne, qui entraînent l'État sur le mauvais versant de la courbe de Laffer, là où l'activité et l'emploi se consument.

Quatrième devoir : tenir l'indicateur « emploi » comme prioritaire dans l'appréciation des résultats des politiques.

Un mal nouveau, le « globalisme », frappe notre époque. Il consiste à raisonner par grands agrégats, calculés en termes marchands et à oublier complètement d'autres variables et grandeurs qu'ils peuvent occulter. Ainsi en va-t-il de la croissance. Le gouvernement nous dit aujourd'hui que la France réalise un taux de croissance de 2 % par an. Il confesse que, si ce chiffre n'est pas très brillant, il reflète tout de même un certain accroissement de la richesse de notre pays. En est-on bien sûr ? Car si le chiffre global de 2 % recouvre une amélioration de 4 % pour les trois quarts de la population et une régression de 4 % pour le dernier quart, la satisfaction doit être nuancée. Elle doit même se muer en grande insatisfaction, si elle ne sert que de manteau statistique et médiatique aux affres de la misère, au moment où se multiplient, avec le nombre de ceux qui décrochent, les formes de marginalité et les cas de détresse en face d'un marché du travail se réduisant comme peau de chagrin. Aujourd'hui, ne l'oublions pas, le total des Français « hors jeu » approche 18 % de la population active disponible, et même 23 % de celle qui travaille dans le seul secteur non protégé.

James Goldsmith, dans une excellente intervention donnée il y a peu à la Sorbonne, exposait la même idée : « *Le but de l'industrie et du commerce est de créer la prospérité. Mais, tout comme la science, ces activités doivent s'intégrer aux besoins fondamentaux de la société. La croissance économique n'a de valeur que pour autant qu'elle contribue à la stabilité de la société. Elle n'a aucune valeur si elle sème les graines de la destruction* (1). » Or nous y sommes. Le chômage actuel sème bien les graines de la destruction sociale.

Il faut donc réhabiliter l'emploi comme indicateur fondamental de notre politique économique. Et quand je dis cela, ce n'est pas un jeu sémantique de pure présentation. C'est un choix à implications concrètes. Par exemple, si le libre-échange universel détruit nos emplois, revoyons cette doctrine. Si la politique du « franc fort », parfaitement estimable en elle-même, tue dans l'œuf nos créations d'entreprises à cause de ses taux d'intérêt trop élevés, regardons-y à nouveau. S'il s'avère que nos politiques macroéconomiques et sectorielles favorisent les grandes entreprises au détriment des petites, alors que ces dernières créent le plus d'emplois, n'hésitons pas à réviser nos conceptions pour rétablir un cadre plus impartial (2).

(1) James Goldsmith, « Mesurer ou comprendre », Sorbonne, 25 octobre 1992.

(2) Comment l'État crée le chômage. Dossier IFRAP ; op. cit.

Cinquième devoir : maintenir les grands équilibres du pays, dans un souci du long terme.

Je pense là aux équilibres du territoire, aux équilibres des générations, aux équilibres entre la puissance publique et le libre arbitre des familles. Derrière ces « grands équilibres » peut se dissimuler le pire ou le meilleur. Le pire, s'ils servent de prétexte à un *interventionnisme* envahissant, par les hommes de l'État qui n'ont pas forcément une vue objective des besoins futurs de la société. Le meilleur, s'ils servent simplement à préserver les *libertés de choix individuels* et à éviter les destructions sociales qui compromettent définitivement l'exercice futur de ces libertés.

Pour ce qui concerne les victimes du chômage, les blessés de l'économie, il paraît vital que, d'une manière ou d'une autre, soit maintenu aux sans-emploi un minimum de revenus, afin de préserver leur dignité, ainsi que leur participation à la vie sociale. C'est ce que l'on appelle aujourd'hui le « traitement social » du chômage.

Autrefois, dans la communauté villageoise, il existait une solidarité spontanée envers les accidentés de la vie. Il y avait toujours, en bout de table, la place « pour le gars qui trie la mojette ». De nos jours, les modes de vie, qui introduisent plus de distance entre les individus, ont effacé de telles solidarités. Mais sans gommer les valeurs qui les sous-tendent, et qui animent toujours les Français, pour peu qu'ils soient en situation de les exprimer. Le prouvent d'ailleurs les succès constants auprès du public des grandes actions humanitaires. Dans ce cadre-là, le soutien aux sans-emploi paraît justement correspondre à une mission régalienne, ce pourquoi l'État, avec le symbole de la Main de Justice, a été inventé.

Mais entendons-nous bien : cette politique de « *traitement social* » n'est tenable à terme que si elle se trouve accompagnée par un vigoureux « *traitement économique* » du chômage.

Ce traitement économique lui-même ne consiste pas à nationaliser pour « sauver l'emploi », comme l'ont cru un temps les socialistes, ni à relancer l'activité à fonds perdus, comme certains nous le conseillent maintenant. Non, le véritable « traitement économique » du chômage consiste à donner aux agents économiques le cadre d'action le plus favorable : non seulement préserver les droits de propriété (troisième devoir), mais aussi préserver d'autres grands équilibres, notamment l'égalité d'accès à la qualification; garantir la liberté de choix familial, entre travail et foyer; favoriser les grands investissements qui équilibreront les activités sur le territoire.

Vastes chantiers de reconstruction après que des pans entiers de la France se sont éboulés, et parfois effondrés sous les coups de l'étatisme ou du terrorisme médiatique.

L'économie palliative ou le « traitement social » du chômage

En 1991, la politique publique de l'emploi a coûté 236 milliards de francs, contre 64,8 milliards en 1980; c'est-à-dire qu'en dix ans, la hausse aura été de + 364 %. Pour avoir une vue complète des charges entraînées par le chômage, il faudrait d'ailleurs ajouter environ 150 milliards de francs incombant aux entreprises, à la suite de suppressions d'emplois.

Cette somme de 236 milliards de francs se décompose, pour simplifier, en 60 % de dépenses dites « *passives* » (indemnisation du chômage et incitations au retrait d'activité), et 40 % de dépenses « *actives* », qui visent à favoriser la création d'emplois, développer la formation professionnelle, ou améliorer le fonctionnement du marché du travail. S'il est une chose qu'on peut difficilement reprocher aux gouvernements successifs, c'est de ne pas avoir fait preuve d'imagination dans la conception des aides de cette seconde catégorie : dans le secteur public, les contrats emploi-solidarité (CES), ou les contrats locaux d'orientation pour les jeunes ; dans le secteur privé, le contrat d'orientation, le contrat de qualification, le contrat d'adaptation, le contrat de retour à l'emploi, ainsi que la fameuse « Exo-jeunes ».

Ces différentes formules permettent à des personnes d'être embauchées par des employeurs qui bénéficient d'exonérations de cotisations sociales, totales ou temporaires, parfois aussi d'exonérations fiscales ou d'une prise en charge partielle de la rémunération par l'État. Certaines sont assorties d'une possibilité, ou d'une obligation, de formation parallèle.

Les dépenses « *actives* » prennent depuis quelques années une place grandissante dans la politique publique de l'emploi, dont elles ne représentaient encore que 35 % en 1985.

Beaucoup trop de ces contrats, malheureusement, ne procurent que des formations sans issue ou de faux emplois subventionnés, qui présentent l'avantage de réduire optiquement le chiffre du chômage d'environ 1,7 million de personnes, mais qui ne résolvent en rien le drame qu'il représente. Ils l'aggravent même peut-être en accroissant les dépenses de l'État (et donc l'endettement public), ou celles des Assedic (et donc les charges des entreprises). Cercle vicieux.

Une étude récente montre que sur 100 000 chômeurs titulaires de contrats de « retour à l'emploi » conclus en 1991 — chiffre apparemment fort honorable — 40 % n'ont pas conservé leur poste au-delà de la durée d'exonération (neuf mois dans le cas général), et beaucoup d'entre eux ont profité d'embauches qui auraient eu lieu de toute façon (1).

Je ne tire d'ailleurs pas argument de ces chiffres décevants pour conclure qu'il faudrait mettre fin à ce type d'expérience. Certains chômeurs en ont réellement profité pour remettre le pied à l'étrier : ils ont été embauchés par une PME-PMI en croissance, n'ayant pas encore les moyens de payer un salarié de plus, mais qui a pu le faire grâce à l'aide « à la marge » de l'exonération, pour ensuite stabiliser le contrat du nouvel employé grâce au développement induit. C'est le cas idéal, malheureusement le plus rare.

Il est clair que ces derniers temps, les pouvoirs publics ont eu tendance à forcer la dose sur ces contrats, peut-être dans une perspective électorale, sans doute pour maquiller les tableaux statistiques qui ne manqueraient pas de signaler un grave échec. C'est ainsi que nos ministres ont sonné le

(1) Bouquillard *et alii*, « Les aides publiques à l'embauche : quels effets sur l'emploi ? », *Travail et emploi*, n° 44, 1991-2.

rappel en décrétant, à la fin de 1992, une mobilisation frénétique du secteur public en faveur des *contrats emploi-solidarité.* Les préfets ont reçu des quotas à réaliser dans leurs départements, et se sont vu intimer l'ordre d'aller démarcher tous les employeurs potentiels de leur circonscription administrative. Ainsi transformés en V.R.P. multicartes, les représentants de l'État placent leurs contrats, entre deux orangeades, espérant améliorer ainsi les chiffres du chômage, en même temps que leur notation, dans un souci touchant et baroque de stakhanovisme administratif. Le ministère du Travail s'est chargé, lui, des entreprises publiques, qui mettent toutes la main à la pâte les unes après les autres. Certains font même trop de zèle : la CFDT citait récemment le cas de la ville de Maubeuge où, il n'y a pas longtemps, on comptait 430 contrats emploi-solidarité pour 580 agents municipaux (1) !

Par l'effet conjugué de toutes ces impulsions et de ce concours des bonnes volontés entre les démarcheurs de haut rang et les employeurs sur fonds publics, 435 000 personnes ont été embauchées sur de tels contrats à l'automne 1992 ; parmi les 114 000 offres d'emploi recensées à la même date, 35 000 offres provenaient de contrats emploi-solidarité potentiels à l'initiative du secteur public ; ce qui avait pour vertu d'occulter, en affichant des chiffres ainsi traités à la gonflette médiatique, une dramatique réduction de 30 % des offres d'emploi.

Méfiance donc. Méfiance des chiffres. Méfiance de ces formules de consolation éphémère qui soulagent les statistiques sans soigner le chômage.

(1) « Contrats emploi-solidarité : avant la qualité, la quantité », *Les Échos,* 30 novembre 1992.

Sachons cependant raison garder, en ne cédant ni à la pâmoison, ni à la dérision. En effet, on peut dire beaucoup de mal des contrats emploi-solidarité : que globalement ils coûtent cher, que souvent ils débouchent sur le vide, que beaucoup d'employeurs transforment en contrats emploi-solidarité des emplois qui auraient pu avoir un statut normal, et de la sorte les paient moins cher. Mais s'ils ne servaient que de baume d'espoir pour tous ceux qui souffrent de l'inactivité (la moitié de ces contrats environ concernent des chômeurs de longue durée), je leur trouverais quand même encore quelques attraits.

Seulement, ils ne doivent pas faire paravent au drame social et nous statufier dans la béatitude des *ravis* des santons de Provence, souriants et attentifs à toutes les berceuses statistiques mettant de l'émotion dans les chiffres pour mieux nous endormir. Ils ne doivent pas servir à proclamer, comme on l'entend parfois, qu'après tout, nous ne sommes qu'à 10,4 % de chômeurs (contre 7,0 % pour la moyenne des cinq grands pays industrialisés), que le chômage des hommes français de 25 à 55 ans n'atteint que 6 % environ, et que la Grande-Bretagne fait même, depuis quelques mois, un peu plus mal que nous (1).

En fait, le mal est très grave et très profond, car même si l'on exclut les étrangers de nos chiffres de demandeurs d'emplois — après tout, il serait légitime de ne pas les compter — les *contrats-parkings* de l'économie palliative nous masquent la réalité d'un glissement considérable. D'ailleurs, le déficit sans cesse renaissant de l'assurance-chômage en

(1) Voir annexe 1.

apporte la preuve spectaculaire : alors que le protocole d'accord signé en juillet 1992 devait régler tous les problèmes pour un bon moment, nous avait-on dit, voilà que, dès novembre 1992, l'Unedic affiche un déficit de 21,5 milliards, ce qui, pour un budget de 110 milliards environ, représente plus qu'une bagatelle. Mais les entreprises ne peuvent plus payer. Les prélèvements obligatoires sont au plus haut. Le déficit public et l'endettement s'envolent. Que faire ? La mèche, avec lenteur, se consume. Tout le monde voit avec effroi approcher le moment de l'explosion finale.

Que voulons-nous faire ?

Devant cette situation, il serait peut-être prudent de commencer par redéfinir nos objectifs. Le système de « traitement social » du chômage affichait jusqu'ici trois ambitions :

— constituer un *filet de sécurité* en cas d'accident d'individus ou d'entreprises isolés ;

— jouer un rôle d'*amortisseur de conjoncture* pour des durées limitées ;

— prendre en charge pour des durées plus longues, voire définitives, une frange de gens qui se trouvent aux *marges* du monde du travail, parfois forclos et laissés pour compte.

Les deux premières missions, celle du filet de sécurité temporaire et celle de l'amortisseur de conjoncture quand on croit aux jours meilleurs, peuvent être assez bien remplies par un système *d'assurance* comme l'Unedic.

Au-delà, nous sortons de la logique de l'assurance ; si, malgré toutes les aides au retour à l'emploi, celui qui a lâché la rampe n'a pas retrouvé de travail, il doit, dans une conjoncture normale, être pris en charge par un autre système, celui de *l'assistance*.

En France, cet autre système concerne surtout le revenu minimum d'insertion (RMI), qui assortit l'aide financière (2 200 F environ pour une personne) de la nécessité pour l'intéressé de fournir un effort d'insertion.

En Vendée, nous avons engrangé quelques succès quant à la *réinsertion* des « Rmistes » ; avec d'une part un pourcentage élevé de *contrats d'insertion*, afin de remettre les familles concernées dans le circuit de la vie (plus de la moitié de « Rmistes » bénéficient aujourd'hui d'un contrat d'insertion) ; avec d'autre part des réinsertions de qualité : les bénéficiaires du RMI effectuent toutes sortes de travaux de réalisation de sentiers pédestres, de restauration de patrimoines ruraux, de nettoyage des rivières, etc.

Mais ce qui me frappe beaucoup, à travers l'action remarquable menée sur le terrain par les associations de bénévoles, c'est que *la rotation* de la grande roue des besognes qui fait tourner l'économie a pris une telle accélération depuis quelques années que les blessés de la crise, éjectés par les forces centrifuges, ont de plus en plus de mal à regagner ensuite une nacelle, à retrouver « *du boulot* ». Parce que « *du boulot* » justement, il n'y en a plus. On ne parle que de machine, de machine à poinçonner, de machine à élaguer, de machine à parler à la place des hommes ; et on ne parle plus que de tertiaire-matière grise. Comme si on s'apprêtait à faire de chaque travailleur manuel devenu inactif un romancier télématique interactif ! C'est là le génie du Japon d'avoir su maintenir, au contraire de notre productivisme à courte vue, des jobs de service quotidien au cœur de la société high tech, hautement tertiaire.

Que voulez-vous proposer aujourd'hui, à un paysan « Rmiste » de Pouzauges qui aura pourtant pris soin de se remettre à niveau après des stages de comptabilité, et qui aura reçu un soutien technique appliqué ? Quel nouveau métier pourra-t-il apprendre, puisque, cédant tout à la productivité et aux services high tech, on a résolu en France de ne laisser aux carrières manuelles qu'une peau de chagrin de postes de travail en voie de disparition ? Il a peu de chances de devenir jamais connecticien, assembleur de technologies informatiques ou animateur de ludothèque. Alors, que faire ?

On voit bien, à travers cet exemple, que nous ne sommes plus en face d'un chômage *conjoncturel* mais d'un chômage *structurel*.

En d'autres termes, la logique du système de l'économie palliative est profondément perturbée par le changement de *nature* du chômage, qui produit un déséquilibre durable entre la structure de l'offre et celle de la demande de travail. Ce chômage du second type, qui tient à l'évolution des postes de travail et aux nouveaux tissus de l'économie, prend le pas sur le chômage classique, qui était frictionnel, de simple ajustement. De ce fait, les systèmes d'assurance-chômage ne peuvent qu'exploser s'ils sont maintenus tels quels.

Le déséquilibre structurel ne peut être véritablement réduit par des politiques de relance keynésienne. Il faut s'attaquer à des causes plus profondes, résultant de véritables mutations de notre société : *l'impératif technologique*, qui accroît la demande de qualification, et rend encore plus béant le retard de notre système de formation par rapport à cette urgence nouvelle ; le *libre-échange intégral* qui tend à spécialiser notre pays dans des secteurs relativement moins demandeurs de main-d'œuvre ; *l'informatisation*, qui va entraîner dans les activités administratives, au cours des dix prochaines années, des secousses comparables à celles que connaît aujourd'hui l'industrie, accompagnées d'un fort déclin des effectifs (1) ; enfin la *marginalisation*, qui résulte de l'impuissance de notre appareil de reconversion à corriger les conséquences des glissements précédents, parce qu'ils sont trop amples, trop profonds et trop rapides.

Peut-être d'ailleurs suis-je encore optimiste, et faudrait-il ajouter l'entrée de l'Europe de l'Ouest dans une phase très longue, et non plus cyclique, de *croissance lente*, due à l'élargissement des parts de marché du Sud-Est asiatique, et à la multiplication d'opportunités d'investissements plus grandes à l'Est. Pourquoi parler de *croissance lente* ? Parce qu'une part de plus en plus grande de notre pouvoir d'achat sert à acquérir des biens en provenance d'Asie plutôt qu'à financer notre propre développement.

Toujours est-il que se constitue un « noyau » de plus en plus dur et de plus en plus important de chômeurs permanents, qui ont à faire face à une durée moyenne de recherche d'emploi très élevée (348 jours en novembre 1992), malgré toutes les « radiations administratives » et les

(1) Institut de l'Entreprise. Enquête « Quelles formations pour quels emplois ? », *Le Quotidien de Paris*, 1er décembre 1992.

greffons de formules contractuelles diverses que peut imaginer le gouvernement (1).

Si nous laissons faire, nous allons sans doute tout droit vers un type de société où 25 % de *sous-productifs*, ou plus, resteraient durablement à la charge de 75 % d'*hyper-productifs* (ou moins). C'est en tout cas le modèle vers lequel semble implicitement nous diriger la division internationale du travail qui résulte de la philosophie actuelle du GATT. Si notre avenir devait se dessiner ainsi, nous pourrions abandonner tout de suite le système d'assurance Assedic, et faire basculer sans plus tarder la plupart de nos prestations vers l'assistance généralisée. Mais, on s'en doute, si j'écris ce livre, c'est parce que je ne partage pas du tout cette vision de l'avenir.

Un autre projet de « traitement social »

Soyons tout d'abord bien convaincus qu'aucun « *traitement social* » du chômage n'a de sens si nous ne commençons pas par restaurer un certain nombre d'équilibres sociaux : l'équilibre international et européen, et c'est le sens des deux premières parties de cet ouvrage ; l'équilibre de l'État et de la société civile, par privatisation, désendettement, allégement des prélèvements obligatoires ; l'équilibre, enfin, du système d'éducation, de la famille, de l'aménagement du territoire, et c'est le sens des propositions qui vont suivre.

Mais nous pouvons aussi améliorer notre politique d'indemnisation du chômage.

Il faut d'abord se demander si le système actuel

(1) Voir annexe 2.

d'allocations n'entretient pas, ou même ne favorise pas le chômage. De bons esprits ont posé la question, et notamment Raymond Barre, qui a cité l'exemple des États-Unis : le pourcentage des chômeurs de 12 mois et plus dans le chômage total n'y est que de 6,3 % (contre 37,3 % en France en 1991), mais leurs allocations-chômage ne durent que 6 mois (1). N'y a-t-il pas lien de cause à effet ? D'ailleurs, chacun de nous connaît des cas de chômeurs qui, parfois, n'ont commencé à chercher vraiment du travail qu'après neuf mois d'inactivité, ou même ont refusé un poste, parce qu'il n'apportait pas à leurs yeux un « plus » suffisant par rapport à la simple allocation Assedic. De tels cas existent, c'est vrai.

Il faut essayer de les réduire, mais je crois que ce problème reste périphérique. Là n'est pas l'essentiel. Les déséquilibres sociaux qui sous-tendent le chômage sont trop graves pour qu'une réduction drastique des durées d'indemnisation puisse résoudre quoi que ce soit.

Au contraire, une telle politique rendrait désespérés bien des gens qui sont aujourd'hui découragés.

Vis-à-vis de l'assurance-chômage, je suggérerais pour ma part une idée simple qui consisterait à proposer aux *chômeurs de longue durée des* « *contrats de réemploi* ». C'est l'expérience réussie de l'entreprise de réinsertion « Les Noces de Cana » qui me fait penser à cette idée-là.

Au terme d'un an, les chômeurs « à problèmes » sélectionnés par l'ANPE se verraient proposer le choix suivant : ou bien poursuivre la perception de

(1) Voir annexe 11.

l'indemnité dégressive de droit commun jusqu'à son terme, ou bien accepter sans attendre un « *contrat de réemploi* », auprès d'une collectivité publique ou d'une entreprise privée. Ce contrat bloquerait la dégressivité au niveau atteint. L'employeur recevrait l'allocation normale (dégressive) de la part des Assedic, et reverserait à son nouveau salarié une rémunération constante, prenant ainsi à sa charge la différence. Ce contrat devrait durer un an au moins. Il permettrait à l'entreprise de financer un emploi non rentable (par exemple, pour un magasin de proximité, la livraison à domicile pour les personnes âgées), ou à la collectivité de rendre un service d'utilité sociale. Ce système ne coûterait rien de plus aux Assedic ; il resterait volontaire ; il permettrait une « réinsertion par l'économique », selon la formule à la mode, tout en correspondant mieux à la vocation originelle du « traitement social », lorsque cette expression est née aux États-Unis : indemniser les chômeurs en échange d'un travail utile pour la communauté, susceptible de favoriser pour eux la reprise ultérieure d'un emploi plus stable.

Excepté ce nouveau « *contrat de réemploi* », je n'aurais pas l'outrecuidance d'en proposer encore d'autres, qui s'ajouteraient à l'impressionnante panoplie existante. Au contraire, j'aurais tendance à vouloir les réduire.

On ne peut qu'être frappé par exemple, du succès auprès des petites entreprises de l' « Exo-jeunes » (exonération des cotisations sociales patronales, à 100 % pendant 12 mois, puis à 50 % pendant 6 mois, en cas d'embauche de jeunes sans qualification). Ce système correspond évidemment à un besoin, et il est d'autant plus intéressant pour l'emploi qu'il est lié à des contrats à durée indéterminée. Il vaudrait mieux l'étendre que d'inventer de nouveaux stages-parkings.

La qualification, antidote au chômage

En France, le nombre des jeunes de 15-24 ans au chômage est de très loin le plus élevé des grands pays industrialisés : 2 jeunes sur 10 sont sans emploi.

Mais comme on découvre par ailleurs, et simultanément, plus de 10 % de ces mêmes jeunes dans une forme ou une autre de « traitement social » (sans y compter l'apprentissage), on doit conclure que 30 % d'entre eux — j'ai bien écrit 3 jeunes disponibles sur 10 — se trouvent hors du marché du travail, ou en position marginale (1).

En Allemagne, le taux des jeunes au chômage n'est que de 4,5 %, du moins dans les chiffres officiels. A cette disproportion affolante, on commence à trouver une explication dès que l'on compare la qualité des formations reçues dans chacun des deux pays. Sur 100 actifs occupés, en France, nous avons 16,4 % de diplômés de l'enseignement supérieur, contre 11,7 % en Allemagne ; avec un nombre comparable, dans les deux pays, de bacheliers simples. Mais la différence la plus significative est la suivante : nous avons, en France, 28,9 % de titulaires d'un diplôme professionnel (CAP, BEP) contre 55,4 % en Allemagne pour les formations équivalentes ;

(1) Voir annexe 7.

et en revanche 43,1 % de personnes sans qualification professionnelle, contre seulement 19,5 % en Allemagne (1).

L'écart que l'on constate sur le papier, entre les diplômés professionnels des deux pays (28,9 — 55,4), s'agrandit encore sur le terrain : car il s'agit en Allemagne, dans la plupart des écoles, de formations « duales », c'est-à-dire organisées selon une méthode d'*alternance* qui donne une expérience concrète du monde du travail, alors qu'en France, nos diplômes dits professionnels peuvent parfois être préparés sans mettre les pieds dans les entreprises, sauf pour des visites guidées.

La situation réelle apparaît même encore plus grave que cela : non seulement 43 % de nos actifs ne possèdent pas de qualification professionnelle, mais, de plus en plus nombreux, beaucoup de jeunes se trouvent démunis des bases suffisantes pour en acquérir une, si l'occasion se présentait ultérieurement. On l'a appris avec effarement à l'occasion du lancement par Madame Aubry, ministre du Travail, du programme PAQUE (Préparation active à la qualification et à l'emploi), destiné à « permettre l'accueil » de jeunes qui, avant de chercher à obtenir un niveau professionnel quelconque, doivent « régler des handicaps personnels ou sociaux » (?) ou acquérir « la maîtrise des connaissances de base (écrire, lire, compter, raisonner) » (2). Population concernée : 70 000 jeunes. Oui, vous avez bien lu : 70 000, et encore Madame Aubry s'excuse-t-elle de ne pouvoir faire davantage tout de suite, comme il serait nécessaire : le pro-

(1) INSEE, *Économie et statistiques*, nos 246-247 (septembre-octobre 1991).

(2) *Le Monde*, 21 avril 1992.

gramme vise à terme une population double, soit un quart environ des 642 000 jeunes de moins de 25 ans qui désespèrent au chômage. Quand on a lu ces chiffres, on comprend mieux l'origine du mal.

Que l'on prenne le problème comme on voudra, l'écart des taux de chômage des jeunes entre la France et ses partenaires mesure avec précision l'inefficacité relative de notre système de formation. Mais là, nous touchons à un tabou. Certes, la gauche, au fil des ans, a laissé au bord de la route toutes les grandes idées qui avaient célébré la force de son mythe : les nationalisations, mises en quarantaine à la suite de l'aggiornamento du « ni-ni » et des privatisations partielles ; la relance par la dépense publique, oubliée avec la déroute économique de 1983 ; la diabolisation de la finance, rangée au placard avec la politique du « franc fort » ; l'indexation des salaires, cassée par Jacques Delors lui-même ; l'intangibilité du SMIC, écornée par les contrats dérogatoires du « traitement social ». Que reste-t-il ? Un grand tabou au moins : le quasi-*monopole* de notre Éducation nationale sur la formation des jeunes.

Celui-là reste bien vivace, hérissé de mauvaise humeur et bardé d'agressivité dès qu'on évoque le mot... « peut-être que... » : c'est qu'on touche là au cœur même des croyances de la gauche (le moule égalitaire, la méfiance envers l'entreprise), et surtout au cœur de sa clientèle militante. Dans le Saint des Saints gardé par la FEN, nimbé d'encens laïque, gît le dernier veau d'or. Tous les autres ont été déménagés au cours de la décennie, après que les camarades eurent été priés de faire l'ultime génuflexion oblique des dévots pressés.

Ce qui reste de dévotion s'est regroupé là, au pied de la forteresse « Éducation nationale ».

L'Éducation nationale a réussi un petit miracle : limiter la formation professionnelle par les entreprises, et en même temps étouffer celle qui aurait pu se développer en son sein. Du coup, la situation est bloquée : chaque fois qu'un gouvernement veut rééquilibrer les rôles, faire glisser des blocs de formation vers les entreprises, ou simplement développer l'alternance, la FEN monte au créneau sur le principe : « Il n'est pas question que l'Éducation nationale perde la maîtrise de la formation des jeunes. » Et le patronat fait de même de son côté, sur le thème : « Nous payons déjà la formation dans nos impôts, nous n'allons pas la payer deux fois. » Tout s'arrête à ce moment précis du jeu de mistigri. Et l'examen du dossier est repoussé à des jours meilleurs.

La dernière tentative en date concernait l'apprentissage. Elle avait été lancée par Madame Édith Cresson qui, dans son discours de politique générale à l'Assemblée, s'était juré d'aboutir à « une ouverture réelle (de l'Éducation nationale) au monde des entreprises ». Qu'en est-il aujourd'hui ?

Après beaucoup de discours et quelques microréformes, la situation n'a guère évolué : 6 % des jeunes d'une classe d'âge entrent en apprentissage dans notre pays, contre 13 % en Grande-Bretagne et 40 % en Allemagne. Il semble même que le nombre d'apprentis ait diminué en 1991 !

Pourquoi ? Malgré les efforts remarquables et l'ingéniosité de nombreux professeurs ou proviseurs favorables au rapprochement avec les entreprises, l'esprit du système y demeure hostile. L'orientation vers l'apprentissage est toujours considérée comme la sanction d'un échec, et elle est vécue comme telle par les familles et les élèves. On est loin du temps où la société ne séparait pas, selon le mot de Paul Valéry, « le comprendre du créer », le manuel de l'intellectuel.

Cette situation est contraire à l'intérêt des jeunes et à celui de l'économie dans son ensemble. L'apprentissage coûte moins cher que les « contrats de qualification » récemment inventés ; il assure des succès aux examens très comparables à ceux de l'Éducation nationale (79,8 % de succès aux bacs professionnels organisés en apprentissage en 1991, pour les séries dépendant de la métallurgie) ; il fournit, beaucoup plus sûrement que les lycées professionnels, un emploi dans la foulée. Le taux de chômage à la sortie de ces lycées a en effet triplé entre 1975 et 1985, et il est le double de celui des apprentis.

Je pense que l'on pourrait progresser vers la solution du problème en suivant deux directions :

1. *Réévaluer l'apprentissage*, en reconnaissant clairement que l'apprenti est un *élève comme les autres*, bien qu'il évolue hors de l'Éducation nationale. Les entreprises qui recrutent des apprentis devraient être exonérées de toutes les charges qu'il leur est encore demandé d'acquitter à ce titre, les Assedic par exemple dans certains cas : un élève scolarisé cotise-t-il aux Assedic ?

Cela signifie aussi qu'un apprenti doit avoir le même statut qu'un étudiant (carte d'étudiant...).

Enfin la question de la durée de la scolarité obligatoire ne devrait plus se poser, puisque par définition il la remplirait : à 15, 16 ou 17 ans, par exemple, l'apprenti serait toujours un scolaire.

Aujourd'hui, on ne peut en théorie devenir apprenti qu'après 16 ans, âge légal. Mais comme c'est idiot, l'autorité administrative délivre chaque année des « dispenses » — on se demande bien sur quelle base — qui permettent à la moitié environ de la population concernée (230 000 au total) d'entrer en apprentissage à 15 ans. Il faut arrêter cette comédie, en donnant un véritable statut scolaire à l'apprenti.

Peut-être conviendrait-il de troquer le terme « apprenti » contre une nouvelle expression, un nouveau qualificatif plus valorisant, par exemple « *élève d'entreprise* ».

2. *Tirer la leçon de l'échec des lycées professionnels et favoriser la mise en place d'écoles mieux contrôlées par les professions.*

Certains lycées professionnels ressemblent à des usines d'avant 1914. Dans leur ensemble, ces établissements offrent un très mauvais rendement car ils retardent toujours sur les évolutions, aussi bien pour la technologie de leurs matériels que l'expérience de leurs personnels. Il peut difficilement, d'ailleurs, en aller autrement : si l'administration devait tous les ans acheter des matériels du dernier cri, elle ruinerait vite le contribuable. De toute façon, seul l'exercice de l'activité professionnelle permet, dans l'entreprise, et au contact des impératifs de la production, d'acquérir une véritable maîtrise pratique de ces appareils.

Claude Vimont (1) élargit ce constat. Selon lui, il y a deux aspects à considérer, deux maillons essentiels à réunir dans l'enchaînement de la formation professionnelle de terrain : tout d'abord, il y a l'*acquis professionnel*, qui tient à la « compétence » gagnée par l'exercice d'un métier dans l'entreprise — et seulement là — qui donne une « capacité à intervenir », une « façon d'appréhender avec succès les problèmes de production ». Mais en sens inverse, il y a un deuxième aspect qui tient à la *formation générale* ; et à cet égard « les universités d'entreprise servent plus à la transmission de la culture d'entreprise qu'à l'acquisition de savoirs théoriques nouveaux entièrement formalisés ».

De tout cela, je tire la conclusion qu'on devrait mettre en place quelque chose d'intermédiaire entre le lycée professionnel actuel et l'école d'entreprise. Il pourrait s'agir d'*écoles* contrôlées par les *professions*, mais ayant préalablement passé *convention* avec l'Éducation nationale pour la partie « enseignement général », et bénéficiant ainsi de forfaits d'externat. L'Éducation nationale ne doit pas craindre cette évolution : elle abandonnerait certes la formation professionnelle, mais ce n'est pas sa véritable mission, et elle ne s'y est d'ailleurs jamais sentie à l'aise ; pour les élèves de ces écoles professionnelles, elle se recentrerait donc sur sa mission fondamentale : la délivrance des bases du raisonnement, de la connaissance, de la culture générale et de l'instruction civique. Tout le monde y gagnerait, et l'emploi aussi.

(1) Claude Vimont, « Le système éducatif face aux transformations de la relation " formation-emploi " dans les entreprises », *Chroniques de la S.E.D.E.I.S.*, n° 3, 15 mars 1991.

Rendre l'école à la nation

Si, dépassant le cadre de la formation professionnelle, la *mission d'éduquer* revient demain à la société civile, ce ne sera que justice. L'enfant n'appartient pas à l'État. Et c'est par une sorte de contagion invisible, lente mais terriblement efficace que, petit à petit, les générations qui ont précédé la nôtre, celle qui va mettre le pied dans l'an 2000, se sont vu subtiliser des libertés fondamentales, alors même que la puissance publique multipliait progressivement les alvéoles soviétiformes, installait petit à petit une société soviétiforme.

C'est ainsi que nous a échappé la liberté de choisir l'école, ou de faire le choix de la résidence et du travail. Or, ces temps-là sont révolus. Par pans entiers, la société soviétiforme craque, s'éboule. La décennie à venir sera une décennie de fracas.

Nos enfants ouvriront les portes d'un autre univers éducatif. Reprenons notre témoin, l'entreprise, et imaginons que l'*esprit de l'entreprise* franchisse le porche de l'école : tout change en quelques minutes et les profs reprennent espoir, alors qu'ils sont maintenant cassés, brisés, désabusés. Les trois libertés qui manquent à l'école seront données à la génération qui vient lorsque l'on aura décidé, enfin, de contourner la forteresse de l'Éducation nationale : la liberté de *choix* de l'école, la liberté de *création* des écoles et la liberté de *gestion* des écoles.

Dans vingt ans, la situation actuelle fera rire les sociologues et les historiens, qui diront à peu près ceci :

« *En 1993, eut lieu le premier grand débat pour savoir s'il était normal que les parents pussent choisir l'école de leurs enfants, alors que, de tout temps, on avait pu en France choisir son médecin ou son épicier. Le système de la carte scolaire, inspiré des cartes de rationnement de Vichy, était arrivé à un tel degré de sophistication que, pour les parents, le numéro de la rue où ils habitaient décidait pour eux du choix d'enseignement de leur enfant, c'est-à-dire du choix de son éducation. Il aura fallu que l'on atteigne la crête des trois millions de chômeurs pour que le problème soit enfin posé.* »

J'entends bien l'objection classique :

« *Qu'est-ce que la carte scolaire a à voir avec le chômage ?* »

Prenons donc l'exemple du lycée Léonard de Vinci à Montaigu ; il vient de se faire rappeler à l'ordre par l'inspecteur d'Académie pour ne pas avoir respecté « l'aire de recrutement de ses élèves en 1re G » ! En effet, le proviseur, un homme remarquable, avait décidé de mettre en place une aire élargie pour une section rare, spécialisée dans l'apprentissage de l'italien, langue peu enseignée, mais qui correspond en Vendée à la *demande* de nombreux *industriels,* du transport notamment. Si on n'avait pas tenu compte de la carte scolaire, cette section aurait continué à fonctionner à la satisfaction de tous, des élèves, des parents et des employeurs. Mais il a fallu « respecter les textes » et tout est rentré dans « l'ordre ». Les industriels du transport ne créeront pas les emplois prévus, ce qui naturellement ne va pas sans réjouir les Italiens, nos concurrents.

Aujourd'hui, il est difficile d'imaginer ce que signifie la liberté de création et d'innovation pour un établissement scolaire — difficile à imaginer en France, naturellement.

Le proviseur du lycée expérimental de Montaigu, qui a pour objet de préparer les jeunes aux métiers de l'image, reçoit tous les jours, sur son bureau, des demandes pour des formations complémentaires aux métiers de l'imprimerie. En effet, certains imprimeurs vendéens ne trouvent pas de jeunes formés pour exercer, dans leurs entreprises, un métier nécessitant des connaissances en esthétique et en histoire de l'art. Mais cette formation n'existe pas dans le Grand Ouest, où pourtant nombre d'élèves souhaitent choisir ce métier, très couru et qui, d'après les projections statistiques, offrirait tous les ans une trentaine de débouchés aux jeunes Vendéens. Alors, où est le problème ? Eh bien, le proviseur est prêt mais, depuis un an, il attend. Il attend ce que l'on appelle, dans le système soviétiforme, « un agrément », « une autorisation ». Arrivera-t-elle un jour ? Peut-être..., mais de Paris, du bureau 3302, porte 27, 7e étage, ou, ce qui est la même chose, de la variante locale de l'administration centrale, le rectorat. Chômage, que de bureaucratie on crée en ton nom !

Le même proviseur est prêt à développer des formations de BTS en électrotechnique et en mécanique industrielle. Or, chose étonnante pour ces formations, la demande est très forte l'offre très rare. Voyant se multiplier les *débouchés*, les emplois virtuels, le proviseur accélère la constitution de son dossier et se précipite pour rassembler les pièces manquantes, qui doivent suivre la filière jusqu'au bureau concerné. Et il attend... l'*autorisation*. Toujours pas d'autorisation.

Pendant ce temps, le collège Jean Yole des Herbiers veut lancer une expérience pour combler les lacunes des élèves et mettre l'accent sur la valorisation des atouts dont tout enfant dispose.

Cela exige de la souplesse dans l'organisation des cours, puisqu'il s'agit, par exemple, de renforcer les cours de dessin pour les élèves doués dans cette matière. Un tel système existe partout. On le voit fonctionner en Hollande, en Allemagne, en Grande-Bretagne. Impossible au collège Jean Yole, en France : pas d'autorisation, rien ne bouge.

Imaginons maintenant que le proviseur du lycée Léonard de Vinci ait la *liberté de création et d'innovation*, mais aussi la liberté de *recrutement*, comme n'importe quel chef d'entreprise, de même que la liberté de financement, afin de pouvoir faire appel aux entreprises de son voisinage. Alors tout change. Là encore, dans vingt ans, historiens et sociologues raconteront, dans l'effarement, que la règle de l'Éducation nationale pour ce qui concerne les recrutements, était ce que l'on appelle « *le barème* ».

Tout le mouvement des enseignants répond à un critère quasi unique, celui de l'ancienneté. Actuellement, le proviseur regarde tourner le mouvement sans avoir aucune prise sur le choix de ses collaborateurs, qui lui arrivent par le bureau 3302, porte 26, 7e étage du ministère. Le mouvement tourne. Machine superbe ! Chaque année, le mouvement mobilise plusieurs milliers de fonctionnaires, qui ne font d'ailleurs que suivre le déroulement de la procédure syndicale. Machine absurde conduisant à des situations qui ne le sont pas moins.

Ainsi, pour disposer d'un professeur de vidéo, le proviseur du lycée Léonard de Vinci a été obligé de créer un poste de professeur d'histoire-géographie, pourvu, par chance, par un professeur d'histoire qui s'intéressait depuis longtemps à titre personnel aux techniques audio-visuelles. C'est digne de l'ancienne URSS.

Le proviseur souhaitait également faire venir un professeur de dessin sensibilisé à l'image vidéo et à son traitement. Mais cet enseignant, bouclant ses valises, a été finalement « doublé au barème » par un professeur plus âgé qui souhaitait se rapprocher du lieu d'habitation de sa grand-mère.

Vichy, Moscou, Ubu, Kafka, syncope d'images soviétiformes. Le proviseur du lycée de l'image était habitué à ces images. Jusqu'au jour où il a souhaité recruter des professeurs spécialistes d'*infographie*. « Infographie » ? Les grands livres de l'Éducation nationale consultés, le mot n'existait pas dans le vocabulaire de l'Éducation nationale. Pas de spécialisation en infographie. La seule possibilité pour le proviseur était de recruter un maître-auxiliaire à 6 500 francs par mois. Même situation pour les monteurs. L'ennui, c'est que le salaire d'un bon monteur à la télévision se situe entre 35 000 et 50 000 francs par mois. Constat d'échec.

Quant à la *liberté de financement* des établissements scolaires et universitaires, j'ai vécu moi-même une expérience qui se passe de tout commentaire.

En 1989, le Conseil général de la Vendée, sortant d'ailleurs du champ de ses compétences, a lancé un modèle d'*institut supérieur décentralisé* de statut privé, fonctionnant « à l'allemande », en liaison directe avec les entreprises. En même temps, se créait un Institut Universitaire de Technologie à La Roche-sur-Yon, sous la férule de l'Éducation nationale. Les formations sont de même type et de même niveau, quoique concernant des domaines différents. Trois ans plus tard, que voit-on ? A l'Institut *public* de La Roche-sur-Yon, le coût annuel de formation d'un élève pour la collectivité, est de

40 000 francs ; à l'Institut *privé* de transport et de logistique, il est de 22 000 francs.

En d'autres termes, en Vendée, l'enseignement supérieur privé coûte presque deux fois moins cher que l'enseignement supérieur public. Si on donnait seulement la liberté de gérer leur propre budget à tous les chefs d'établissement de France, avant même de leur accorder la liberté de délivrer les diplômes, on renverserait la pyramide, on tournerait la forteresse, on s'attaquerait enfin au monstre rampant du chômage, on redonnerait espoir aux profs, on pourrait enfin payer les gens, sans avoir besoin de faire appel à des auxiliaires étrangers — car chez nous le métier d'enseignant n'attire plus. On retrouverait l'idée que chaque enfant est un prototype et que l'on n'enseigne pas à Roubaix comme à La Roche-sur-Yon ou à Montfermeil.

Bref, on sauverait le système malgré lui, et on réaliserait une formidable économie d'impôts. Il suffirait pour cela d'un geste, d'un petit geste, d'une chiquenaude, d'une seule loi, avec un seul article : « En France, l'école est libre, qu'elle soit publique ou privée. »

La famille, créatrice d'emplois

L'équilibre de la petite société familiale entretient avec celui de la grande société nationale un lien très fort. L'optimisme de la petite société, sa fécondité sont gages de dynamisme, de croissance et d'emploi, comme l'a bien montré Alfred Sauvy. En revanche l'éclatement de la famille, ou son mauvais fonctionnement, rejette sur la grande société une multitude de charges auparavant non comptabilisées, et qui apparaissent tout à coup très lourdes.

La micro-communauté familiale rend naturellement, à des coûts réduits, des services que l'État produirait moins bien et à des coûts plus élevés. Le mauvais fonctionnement de l'institution familiale s'avère donc très onéreux, gaspilleur d'énergie et de ressources publiques, puisqu'il multiplie les tâches des administrations dans l'aide à l'enfance, les affaires sociales en général, la justice et la police en cas de délinquance, et bien entendu l'Éducation nationale, qui n'a pas besoin de ces complications supplémentaires. Sans compter tous les problèmes que des adultes peuvent traîner leur vie durant parce qu'ils ont vécu le déséquilibre familial dans leur enfance.

La famille est le point d'équilibre écologique de la société, au sens où le crépuscule des liens familiaux annonce toute une *pathologie sociale diffuse* et fort coûteuse.

Quand il n'y a plus personne pour s'occuper de la nature, il y a les friches et les ronces. Quand il n'y a plus personne pour prendre soin des familles, et notamment des situations fragiles où guettent le désarroi et la solitude, il y aussi les friches et les ronces qu'on appelle alors la détresse, les paysages désolés de la détresse humaine.

Aujourd'hui, 25 % des enfants de France, selon Évelyne Sullerot, ne voient pas leur père ; quand il n'y a plus de famille, il y a les enfants en difficulté, abandonnés, désocialisés et parfois même déracinés.

Quand je suis devenu Président du Conseil général de la Vendée, je me suis inquiété de l'augmentation du budget social du département.

« *Quelles en sont les causes principales?* » ai-je demandé. Mes services m'ont répondu que, par-delà les transferts de ressources correspondantes (ce qui réduit le déficit, pourtant considérable, qu'affiche le budget de l'État), il existe deux autres causes de gonflement non maîtrisables :

— l'augmentation du nombre des personnages âgées (en Vendée, + 82,5 % en huit ans de personnes d'âge supérieur à 85 ans), ce qui accroît lourdement la demande de structures d'accueil ;

— le nombre croissant de familles et d'enfants en difficulté : en Vendée, + 150 % en quatre ans (j'ai bien dit : plus cent cinquante pour cent).

D'où viennent ces difficultés des familles ? D'une part de la mauvaise gestion générale du pays (le chômage), d'autre part du délitement de la cellule familiale. Ce dernier point est important, car il accroît l'impact du premier : par exemple, les foyers « monoparentaux » se multiplient. Or, il est, hélas, facile de constater, comme on lit un tableau de détresse, quand tant de gens n'osent même pas se plaindre, qu'en période économique difficile, un foyer monoparental a deux fois plus de chances de passer sous le seuil de pauvreté qu'un foyer biparental.

Mais le problème ne se réduit pas, hélas, aux foyers monoparentaux. Car les « travailleurs sociaux », dont on voit se multiplier le nombre, sont devenus, comme certains me l'ont dit eux-mêmes, des « *préposés à l'affection* » qui doivent assister les familles déchirées. De 1985 à 1991, les crédits consacrés par mon département à l'accueil et au soutien des enfants en difficulté ont augmenté mécaniquement de près de 40 % !

Quelle leçon en tirer ? Tout simplement qu'en

France, aujourd'hui, l'implosion lente des corps intermédiaires, et plus fondamentalement des corps de base comme la famille, va finalement induire à terme des coûts démentiels pour les collectivités publiques. Cette évolution sera reçue pour intenable par les contribuables. Il va bien falloir se rendre à l'évidence : il vaut mieux mettre un peu d'argent, à la base, dans *un grand projet de justice familiale*, que d'être obligé d'en dépenser beaucoup au niveau de l'aide sociale.

Observée du strict point de vue de l'emploi, la question familiale en France se résume très simplement : elle tient à une dérivation des emplois familiaux non marchands vers des emplois officiellement rémunérés sur le marché du travail. La mère de famille travaille gratuitement. Mais pour peu qu'elle sorte de chez elle, pour faire le même travail, mais chez les autres, elle gagne un statut d'« assistante maternelle », et la voilà rémunérée par la collectivité. En termes financiers, la mère de famille est scandaleusement peu rémunérée si elle reste au foyer pour assumer des tâches non marchandes (elle reçoit une « allocation parentale d'éducation » très restrictive), tandis qu'elle gagne beaucoup plus si elle trouve un emploi extérieur.

On en reçoit un double inconvénient : d'une part, l'emploi familial est moins bien rempli qu'à l'optimum souhaité ; d'autre part le taux d'activité réel des femmes françaises, à l'extérieur du foyer, surpasse, et de loin, celui de nos voisins, sans vraiment satisfaire les intéressées. Ces deux affirmations méritent quelques éclaircissements.

Aujourd'hui, pour beaucoup de familles modestes, le libre choix de la mère, entre foyer ou travail rémunéré, n'existe pas. Une étude récente du Centre d'Étude des Revenus et des Coûts (CERC) le montre à l'évidence (1) : pour une famille de trois enfants, située au niveau médian de rémunération, l'intérêt financier d'un second salaire, qui était de + 36 % en 1960, est passé à + 62 % aujourd'hui. Pourquoi ? D'abord, la diminution progressive, puis la disparition, en 1978, de l'allocation de salaire unique (ASU), a contribué à augmenter le « taux de rendement » du second salaire. Ensuite, la faiblesse de la revalorisation des prsetations familiales a joué dans le même sens, car elles ont pesé relativement moins dans le revenu des ménages.

Toutefois l'étude montre que l'institution en 1982 d'une « Allocation parentale d'éducation » (APE), pourtant à un niveau modeste, a ramené l'avantage financier du second salaire à + 29 %, du moins dans les cas où elle est servie. L'APE s'avère donc assez efficace pour rétablir la liberté de choix des familles.

Néanmoins, l'écart important qui persiste entre la rémunération d'un « parent à temps plein » et la rémunération d'une mère qui travaille à l'extérieur, fausse les choix. Il en résulte que, sur le marché, on trouve un nombre de mères au travail plus grand que si le choix n'avait pas été faussé.

Le phénomène paraît d'ampleur très forte en France, puisque notre pays se trouve largement au premier rang de la CEE pour le pourcentage des femmes travaillant à temps plein (environ 36 %).

(1) « L'intérêt financier d'un second salaire pour la famille » *Notes et Graphiques,* CERC, n° 20, septembre 1992.

Les deux pays qui, en apparence, affichent un taux d'activité féminin global supérieur au nôtre (Danemark et Grande-Bretagne) n'y parviennent qu'en raison de l'importance, chez eux, du travail à temps partiel. Déduction faite de celui-ci, nos deux partenaires rétrogradent respectivement à 33 et 28 % (1).

Cette situation ne représente par l'optimum aux yeux des Françaises, mais seulement les conséquences d'un choix forcé. Toutes les enquêtes d'opinion le prouvent. Notamment, la dernière que j'ai à ma disposition figure dans le rapport de l'Assemblée nationale sur le travail à temps partiel (2). On y découvre que 22 % des femmes actives à temps plein et 36 % de celles qui ont un enfant de moins de six ans souhaiteraient travailler à temps partiel si leur employeur l'acceptait. De même, on a observé que les femmes qui ont perdu leur emploi reprennent souvent goût à la vie de foyer, et font traîner en longueur leur retour au travail salarié. L'allocation-chômage joue pour elle le rôle d'une rémunération de la mère au foyer qui n'existe pas !

Ces exemples montrent bien que le travail des femmes, dans un certain nombre de cas, est plutôt subi que choisi.

J'entends déjà certains libéraux candides m'expliquer : « Du point de vue de l'emploi global, tout cela est neutre. Les femmes qui travaillent occupent certes des postes, mais elles gagnent davantage d'argent, le dépensent, et créent des emplois ailleurs... peut-être même dans leur propre famille,

(1) Voir annexe 10.
(2) Assemblée nationale, rapport n° 3106 du 3 décembre 1992, p. 14.

pour assurer les tâches ménagères. Au total, la société travaille plus, mais crée aussi davantage d'emplois. Tout va bien. »

Non, tout ne va pas bien. Car la désarticulation familiale impose des tâches supplémentaires à l'État, et implique de nouveaux prélèvements obligatoires qui alourdissent les frais généraux de la société et réduisent son rendement. Du point de vue économique, nous retombons sur la relation prélèvements publics/chômage.

Le comble de l'aberration technocratique est atteint lorsqu'on voit, comme aujourd'hui, l'État subventionner des « emplois familiaux » par des réductions d'impôts, ces mêmes emplois qui sont bien souvent rendus inévitables par le travail à l'extérieur de mères de famille, lui-même engendré par le refus de l'État d'assurer financièrement la justice familiale. Ne pourrait-on pas faire plus simple que cette machine à gaz ? Je crois que oui, et c'est pourquoi je propose l'institution d'un « *salaire du parent à temps plein* », avec droits à la retraite, pour rétablir la *liberté de choix*, seule véritable base, ne le perdons pas de vue, d'un vrai marché du travail.

Lorsque l'équilibre sera retrouvé — une plus forte proportion de mères de familles restant au foyer ou travaillant à temps partiel, conformément au vœu qu'elles expriment —, on récoltera sans doute en prime une remontée de la fécondité. Ce serait logique puisque, aujourd'hui, le travail des deux parents, dans bien des cas, freine la venue du troisième enfant. Comme l'a fort bien vu Jean-Pierre Lagrange, « le premier axe d'une politique pour le retour au plein-emploi consiste à renverser le courant du vieillissement démographique, et à le faire savoir (1) ». Ainsi les anticipations des parents (et celles des chefs d'entreprise, concernant leur marché) se tournent-elles à nouveau positivement vers l'avenir. Et l'économie sort alors du « corner » actuel, où plus rien ne bouge faute d'espoir, et où l'immobilisme entretient précisément le pessimisme.

C'était le sens même de l'appel lancé, le 1er décembre 1990, par le sénateur Bernard Seillier, depuis la tribune de la Haute Assemblée : « Le gouvernement paraît désormais prêter une attention justifiée au rôle des entreprises pour la *vitalité de l'économie.* Mais quel gouvernement reconnaîtra dans sa politique le rôle de la famille pour la construction et la *vitalité fondamentale* de la société ? »

Vers un nouvel équilibre du territoire et des emplois

La France réussit un tour de force : conjuguer la congestion de l'Île-de-France et la désertification des campagnes. Cette situation est désastreuse pour l'emploi, à trois points de vue : elle coûte cher, malgré les apparences, et *accroît donc les charges de fonctionnement* du pays ; elle facilite l'augmentation du chômage en période de crise, car les zones rurales sont victimes d'un *multiplicateur négatif des destructions d'emplois ;* enfin, *elle masque l'existence de gisements d'emplois* qu'un meilleur équilibre mettrait au jour.

(1) Jean-Pierre Lagrange, *Le chômage, phénomène incompris.* Harvard, *L'Expansion,* N° 66. Automne 1992, p. 97.

Notre pays souffre d'un déséquilibre unique en Europe : 19 % des habitants sont concentrés sur 2 % du territoire, en Île-de-France ; ces 19 % représentent 23 % des emplois salariés et 41 % des emplois de cadres supérieurs.

Pendant longtemps, on nous a expliqué que cette concentration pouvait favoriser l'emploi : la ville réduit les coûts de transport, de communication, de prises de contact ; le bassin de main-d'œuvre y est plus vaste, et l'entreprise y recrute plus facilement les travailleurs spécialisés dont elle peut avoir besoin.

Mais de nos jours, je me demande si ces avantages ne sont pas compensés par la montée des surcoûts : *les coûts de transport* ? Un industriel qui possède une usine dans la banlieue Nord de Paris et une autre en Normandie, m'assurait, il y a peu de temps, que tout compris, la première lui coûtait beaucoup plus cher en frais de transport, à cause des embouteillages ! *Les coûts de communication* ? Aujourd'hui, le téléphone, le fax et la vidéotransmission existent ! Le problème réside plutôt dans leur tarification, toujours défavorable à la province.

En revanche, regardez la montée des surcoûts : les Parisiens perdent chaque jour 7 500 000 heures dans les transports, ce qui correspond au temps de travail cumulé des Lyonnais ! Ainsi peut-on dire sans exagérer que la deuxième ville de France travaille pour compenser le temps perdu par la première ! Et pourtant, l'État ne ménage pas sa peine : il réalise aujourd'hui plus du tiers de ses dépenses d'investissement dans la région d'Île-de-France ; quand il investit 425 F par habitant dans la région capitale, il n'en dépense, toujours en investissements, que 307 pour le reste de la France (1). Ce n'est pas étonnant : il faut surinvestir pour compenser l'engorgement. On prévoit un périphérique souterrain sous l'actuel périphérique, et bientôt, il faudra peut-être en concevoir un troisième, aérien celui-là, pour « déboucher » le second ! A ces coûts d'investissement, il faut ajouter les coûts de fonctionnement : par exemple, la RATP a reçu 5 milliards de subventions en 1991, soit *deux fois* le budget total de l'aménagement du territoire pour toute la France ! N'oublions pas aussi les coûts sociaux : les prix du foncier atteignent de tels sommets que les jeunes sont rejetés au loin ; les gens isolés sont plus nombreux, l'insécurité plus grande, les coûts de maintien de l'ordre plus élevés.

En fait, si l'on calculait toutes les charges cachées de la région parisienne et si l'on établissait une carte de la répartition économique idéale des activités, minimisant tous les coûts sur l'ensemble du territoire, on verrait que nous sommes loin de l'optimum. Et en tout cas beaucoup plus loin que nos voisins, notamment l'Allemagne. Cet écart mesure une *perte de productivité* de l'ensemble territorial français, qui se résout forcément en *perte de compétitivité* de l'entreprise France.

Second handicap : ce déséquilibre coûteux rend aussi le marché du travail français beaucoup plus sensible à un retournement de conjoncture. Pourquoi ? Parce que la contrepartie des grands bassins de main-d'œuvre urbaine, à forte mobilité, c'est l'existence de zones rurales où les flux sont très

(1) Évolution des crédits d'investissement de l'État de 1976 à 1989. Rapport du GERI, *Le Figaro*, 26 mai 1992.

tendus. Quand une petite entreprise ferme à Courbevoie, les travailleurs licenciés peuvent trouver d'autres employeurs proches ; ils ne déménagent certainement pas, et les commerçants de Courbevoie n'en ressentent finalement que peu de conséquences. En province, tout est différent : chaque fermeture d'unité de production, même modeste, est vécue comme un drame par la communauté villageoise. Les conséquences s'en répercutent tout au long d'une fragile chaîne de l'emploi : l'épicier, le boulanger, l'instituteur, le postier, le garagiste... Or la France, aujourd'hui, se trouve dans la situation où la chaîne est *tendue à se rompre*. Si elle craque en un point, tout le reste se disloque. C'est ce que j'appelle le *multiplicateur négatif* des destructions d'emplois en zone rurale.

Pour notre pays, l'enchaînement est tragique : pas de reconversion sur place, exode vers les banlieues, avec la rupture des solidarités anciennes, et d'une civilisation millénaire. Autrement dit, la perte de valeurs et d'identité qui nous manqueront demain pour reconstruire le pays. Il faudrait — mais n'est-ce pas déjà trop tard ? — prendre des pays comme l'Autriche pour modèle : le taux d'occupation de l'espace rural n'y a presque pas été affecté, depuis vingt ans, par le recul de l'agriculture. D'autres activités ont pris le relais en souplesse. Les Autrichiens ne connaissent pas le « multiplicateur négatif » des destructions d'emplois.

Troisième handicap : le déséquilibre Paris/province masque des gisements d'emplois possibles. C'est bien ce qui ressort de l'expérience d'une association comme Ouest-Atlantique qui, sous la co-direction d'élus et d'entrepreneurs, s'est donné pour objectif de soutenir l'activité industrielle de l'Ouest, en montrant à des entreprises qui vivent difficilement dans une grande zone urbanisée, spécialement parisienne, l'avantage d'installer ses pénates en province. De nombreux projets témoignent de ces transferts réussis, et de grands succès d'entreprises qui reprennent de l'oxygène en réduisant leurs coûts, découvrant en elles-mêmes des gains potentiels de productivité. Bien souvent, au bout de quelques années, ces entreprises transplantées reprennent le chemin de la création d'emplois, et attirent des sous-traitants. Pour toute la zone rurale environnante, s'enclenche alors une spirale vertueuse de l'emploi.

Tout cela ne serait pas moral, selon certains grincheux, parce qu'en fait l'entreprise délocalisée paie moins cher ses salariés, sur le dos desquels seraient réalisés les fameux gains de productivité. Je le conteste formellement.

Il est vrai que les salaires sont inégaux selon les régions : autour d'une moyenne nationale de 9 500 F net, l'Île-de-France se trouve à + 3 050 F, mais la Bretagne à − 400, les Pays de la Loire à − 350 et le Poitou-Charentes à − 450 (1). Mais cela signifie-t-il que les salariés de ces trois régions gagnent moins bien leur vie ? Non, au contraire ! Il faudrait en réalité comparer les pouvoirs d'achat réels et les qualités de vie. Le salarié parisien subit chaque mois des surcoûts, en loyer du logement, en indice des prix à la consommation, en temps de transport et en manque d'espace, qui valent beaucoup plus, à mon avis, que les 3 050 F qu'il gagne en plus !

Autrement dit, la décentralisation fait émerger

(1) *Les Échos*, 26 novembre 1992.

des gains de productivité par une meilleure utilisation des facteurs de production. Par là, elle peut injecter un effet d'entraînement sur toute une zone qu'elle revitalise.

Mais en sens inverse, cela signifie aussi que la situation de concentration actuelle est sous-optimale du point de vue de l'efficacité, donc de l'emploi.

Les pays du Nord de l'Europe l'ont bien compris, qui cherchent à asseoir leur développement sur des réseaux de villes moyennes, appuyées sur des arrière-pays aux activités diversifiées. Sait-on, par exemple, que l'Allemagne dépense trois fois plus que nous pour son aménagement du territoire ?

Inverser l'engrenage

Les techniques nouvelles nous offrent des occasions merveilleuses. Il faut savoir les saisir.

Aujourd'hui, l'énergie est partout disponible. Les transports peuvent être rapides. Et surtout, la matière première de l'avenir, l'information, peut être accessible dans les moindres recoins de nos provinces.

L'information est le matériau le plus léger, le plus facilement transportable que le progrès technique nous ait jamais apporté. François-Henri de Virieu expliquait récemment (1) que le « télétravail » va révolutionner les rapports Nord-Sud : on peut désormais, sans déplacer personne, faire composer un annuaire juridique aux Philippines, ou faire gérer des dossiers de sinistres d'assurance en

(1) François-Henri de Virieu, « Le téléphone qui apporte le chômage », *Le Monde*, 4 décembre 1992

Irlande, tout cela instantanément et au moindre coût.

Mais que n'a-t-on pas songé d'abord à appliquer ces merveilleuses méthodes en France ! On me dira que les différences salariales entre régions n'y sont pas suffisamment marquées pour que l'opération soit rentable. Le salarié auvergnat ne coûte pas trente fois moins cher, tout de même, que le salarié parisien. Oui, mais l'Auvergnat connaît peut-être mieux la langue et les usages français que le Philippin. Et, de plus, l'éditeur ou l'assureur qui a concocté ces montages mirifiques devrait penser aussi aux prélèvements obligatoires supplémentaires qui l'attendent si les Auvergnats perdent leur travail. Il est vrai cependant que l'entrepreneur fait un calcul strictement individuel, comme le veut sa position. C'est à l'État de mesurer les coûts collectifs et d'en faire prendre conscience aux citoyens.

Sous cette réserve, la nouvelle économie de l'information offre une chance inédite pour un complet renversement de nos conceptions sur la meilleure répartition territoriale des activités. François-Henri de Virieu l'a bien vu, pour qui « le télétravail est amené à accompagner cette révolution copernicienne. Son essor donnera à la fois un contenu à l'introuvable politique de développement rural, et un coup d'arrêt au cancer des banlieues, avec leurs problèmes sociaux qui menacent d'emporter nos finances publiques ».

Mais cette mutation n'est pas encore acquise. Pour y parvenir, il sera nécessaire de mieux répartir l'effort financier, et de modifier le principe de notre aménagement du territoire : d'étatiste, il doit devenir libéral.

J'entends déjà, en écrivant ces mots, le chœur

des pleureuses interventionnistes de toutes les technostructures : « *Comment serait-ce possible, un aménagement libéral* ? » Car le principe même d'une politique d'aménagement n'est-il pas d'édicter des règlements pour contraindre, et de distribuer des primes pour inciter les entreprises à s'installer où elles n'auraient pas eu l'idée de le faire spontanément ?

Justement, c'est ce qu'il ne faut plus recommencer. Les règlements étranglent l'économie, et les primes — quand elles arrivent ! — ne procurent que l'illusion de la rentabilité. L'aménagement du territoire libéral, pour moi, consiste à mettre les Français en situation de *faire des choix*, mais encore une fois des vrais choix, sans que les règles du jeu soient faussées. Pour restituer cette liberté de choix du mode de vie, il y a quelques passages obligés :

— *il faut faire apparaître les véritables coûts de Paris*, les coûts directs que personne ne récapitule, mais aussi les coûts indirects. Afin de montrer aux entreprises, par des études concrètes, les gains de productivité possibles en cas de décentralisation. Ce serait plus convaincant que n'importe quelle (hypothétique) subvention.

— *il faut réduire les distances*, sans quoi ces gains de productivité n'apparaîtront pas. Je crois qu'historiquement, il a toujours été dans les missions essentielles de l'État de favoriser des communications sûres. Ainsi permet-il aux hommes de prendre contact entre eux au moindre coût. C'est une condition primordiale de bon fonctionnement d'un marché. Aujourd'hui l'État peut jouer un rôle pour définir le tracé des réseaux irriguant l'ensemble du pays, favoriser les financements, coordonner les actions.

C'est vrai pour les routes, les TGV, et aussi cette « autoroute des signes » du réseau Numeris, qui permet d'envoyer à la fois tous les types d'informations.

Il faut aussi mettre en place une tarification égalitaire des télécommunications, permettant de s'installer en province sans surcoût. Est-il normal qu'une entreprise implantée en zone rurale paie aujourd'hui ses communications trois fois plus cher que si elle était à Paris ? Il est vital pour notre territoire de mettre enfin en œuvre une réforme de la tarification qui substituerait le critère de la *durée* à celui de la *distance*.

— *il faut organiser le soutien mutuel industrie-agriculture.*

Les problèmes de reconversion des zones rurales sont allégés lorsque l'agriculteur y côtoie une industrie disséminée, en bonne santé. Beaucoup d'agriculteurs, ou leurs épouses, travaillent alors à mi-temps ; si la ferme connaît des difficultés, l'exploitant peut changer d'activité en restant chez lui, ce qui le soulage d'un grand poids psychologique et financier ; enfin, la présence de petites activités industrielles aide au maintien sur place des commerces et des services de proximité, qui sont très utiles aux agriculteurs. La Bavière en fournit un bon exemple.

Aujourd'hui, les zones rurales sont tombées dans le cas de figure le pire : les difficultés de l'économie sont telles que l'agriculture ne trouve aucun soutien en dehors d'elle. Alors qu'un tissu rural de moyennes entreprises résoudrait bien des problèmes.

— *une Bourse nationale des emplois ruraux.*

Je connais un petit groupe de communes rurales qui avait perdu son garagiste. Les maires ont fait une recherche et en ont trouvé un à l'autre bout de la France, qui est venu s'installer avec sa famille, et qui, apparemment, vit aujourd'hui convenablement. En effet, la population des campagnes diminue, mais le taux de motorisation augmente.

Pourquoi ne pas s'inspirer de cet exemple et créer une Bourse nationale des emplois ruraux? Beaucoup de familles de régions en reconversion, du Nord par exemple, accepteraient sans doute de se déplacer, surtout si les enfants sont nombreux, et si on leur propose de l'espace. Des associations, comme le SICLER, ont joué un rôle de pionnier dans ce domaine. Mais sans doute leur action serait-elle encore plus efficace s'il existait au niveau national un organisme (pas forcément public, d'ailleurs) centralisant les offres et les demandes.

— *la dissémination des pouvoirs et de la matière grise.*

Le mouvement de délocalisation d'administrations centrales, initié à petite échelle, doit être repris calmement, et dans une perspective longue. Concernant l'éducation en particulier, l'expérience menée en Vendée, d'instituts décentralisés, dispensant des formations supérieures spécialisées, s'est révélée très positive. Par exemple, l'Institut supérieur de l'emballage et du conditionnement agro-alimentaire a été implanté à dessein dans une ville de 5 000 habitants du haut bocage. L'ISECA va bientôt accueillir une cinquantaine d'étudiants.

Cette implantation a le double mérite d'assurer des formations supérieures, tout en entraînant d'autres développements : depuis, quatre entreprises agro-alimentaires nouvelles se sont installées auprès de l'Institut. Dans le sillage de cette réussite, nous avons décidé de créer des instituts de même format, de style allemand, proches des entreprises, dans tous les bassins de l'emploi du département : Institut du Bois, Institut des Ventes, Institut des Métiers de la Pêche, Institut de la Logistique et des Transports... Toutes ces écoles-entreprises créent une synergie en faveur de l'emploi local. Ce sont autant de *greffons* de matière grise sur le *pied-mère* de nos industries, qui diffusent, par scissiparité dans tous les bassins d'emploi, une dynamique d'emploi, de formation et même de recherche.

4

Comment créer des emplois ?

Retrouver le dynamisme de la société civile

On se souvient de la phrase célèbre de ce ministre de la IIIe République, ouvrant ses volets au lever du jour : « Aujourd'hui, il pleut. *Je fais un décret.* » Aveu splendide et dérisoire de la suffisance ministérielle ! A la manière du coq Chantecler qui croyait que son chant, chaque matin, provoquait le lever du soleil. « Aujourd'hui, il pleut, *je crée des emplois* », semblent lui répondre en écho beaucoup des ministres d'aujourd'hui qui croient à *l'État-créateur de valeur ajoutée*. Eh non, la création d'emplois ne résulte pas d'une démarche, fût-elle volontaire, des pouvoirs publics, à moins qu'il ne s'agisse de judicieux trompe-l'œil de la société bureaucratique ou du traitement social préfectoral ou préélectoral. Elle résulte de l'initiative d'individus, travailleurs indépendants, chefs de petites ou grandes entreprises, salariés qui se lancent dans l'aventure, sur les territoires inconnus de la création à haut risque, bref de tous ces gens qui, à partir d'une idée ou d'une opportunité, se bardent d'optimisme et, l'âme trempée avant même les épreuves, décident de construire, d'investir, de développer.

Cela ne se commande pas d'en haut. Tout au

plus l'État peut-il offrir à la société civile et aux lois du marché le cadre le plus favorable possible.

Aujourd'hui, tout est bloqué, suspendu. Les entrepreneurs ont le souffle coupé. Chacun y va de son explication, de sa prédiction, « l'Allemagne s'enfonce... », « peut-être... demain... la reprise... ».

La plupart du temps, on se refuse à pointer le doigt du matelot sur les trois mascarets qui chahutent le navire : la concurrence *dévoyée*, quand elle est devenue déloyale, comme des bateaux à moteur qui auraient le droit de courir avec les voiliers du Vendée Globe ; l'abandon de la *préférence* communautaire comme si l'Europe, si nécessaire, avait sombré dans le fétichisme des procédures ; le poids de l'État, comme une *chape de plomb* posée sur la société civile.

On se détourne des vraies raisons du naufrage. Arrivent alors les rebouteux et guérisseurs, brandissant trois faux remèdes : arrêter le progrès technique, relancer « l'économie mixte », « partager » le travail.

Il faut rejeter ces « toiles merveilleuses » pour découvrir les vraies solutions, tirées de l'expérience et du bon sens.

I — Les faux remèdes

Faut-il arrêter le progrès technique ?

On sent poindre un nouveau *luddisme*, qui charge le progrès technique de tous nos maux. Les patrons décident des investissements de productivité ? La machine récemment acquise accomplit le travail de dix ouvriers, qui vont être licenciés ? La réponse fuse, du fond de l'atelier, ou du marbre de la salle de rédaction : « Cassons la machine, et redonnons leur poste à ceux qui, autrement, risquent d'être transformés en laissés-pour-compte de la société ! Redevenons des hommes ! »

Il est vrai que l'envolée de la productivité du travail en France (1) peut donner parfois à réfléchir : dans la mesure où elle n'est pas compensée par des investissements de capacités, l'effort de productivité peut conduire à tarir les créations d'emplois.

Certains l'ont si bien senti qu'ils arrêtent le bras du mouvement avant que la machine ne tourne trop vite : dans son usine de Saint-Amand-les-Eaux, Peugeot inaugure une « nouvelle philoso-

(1) Annexe 14.

phie » industrielle et sociale, limitant le recours à la robotisation, qui ne concernera par exemple que 50 % des opérations de tôlerie, contre 85 % dans les autres établissements du groupe. Pourquoi donc cette baisse de régime volontaire ? Parce que l'automatisation *intégrale* est apparue, tous comptes faits, trop coûteuse, risquant d'aboutir à multiplier les coûts de maintenance, voire à freiner la production lorsque personne ne sait réparer. On découvre que finalement, il faut trouver un optimum, et qu'il vaut mieux faire tourner une machine moins sophistiquée, si elle reste réparable dans des délais rapides, par un « opérateur humain (1) ».

Mais souvent, le mouvement semble moins bien maîtrisé. Thierry Breton a justement dénoncé la « gadget society (2) », lancée dans une course éperdue à la technologie et à l'investissement de productivité qui en oublie l'impératif humain. A cela une grande raison est sans cesse invoquée : la nécessité d'être plus compétitif face à la concurrence internationale. Avec deux accélérateurs supplémentaires : le souhait d'échapper aux rigidités du Code du travail en embauchant le moins possible ; et l'idée toute simple d'échapper aux taux d'intérêt élevés en effectuant l'investissement idéal, l'investissement sans emprunt : le licenciement du personnel. « C'est malheureux à dire, m'expliquait récemment un grand patron, mais l'investissement le plus rentable pour moi aujourd'hui, c'est un bon plan social. Je l'amortis en huit mois, et ensuite c'est tout bénéfice. »

Ainsi, dans la France d'aujourd'hui, le nec plus

(1) « La " nouvelle philosophie " industrielle et sociale de Peugeot », *Le Monde*, 29 octobre 1992.

(2) Thierry Breton, *La fin des illusions*, *op. cit.*

ultra de l'investissement de productivité, c'est le licenciement ! Nous sommes devant une véritable implosion de l'industrie, qui peut être suivie de l'implosion de la société tout entière, à laquelle, comme s'il s'agissait d'une personne morale à vocation caritative, on confie les chômeurs qu'elle sera censée entretenir, prélevant le nécessaire sur le marché pour sustenter l'armée du salut.

Alors, faut-il arrêter le progrès technique ? Non, ce n'est pas la solution. Le dire revient à confondre la cause et l'effet : le progrès technique lui-même est entraîné dans une spirale qui le dépasse : celle de la recherche d'une compétitivité internationale qui excède la limite de nos forces, tout simplement parce que la concurrence est faussée. Je m'explique.

Dans un système de marché autorégulé, le progrès technique ne présente que des avantages : lorsque l'entreprise achète une machine moderne économisant des ressources humaines, elle peut, tout en vendant ses produits moins cher et en développant sa production, être amenée à licencier. Mais le consommateur, qui va consacrer moins de ressources aux produits de cette entreprise, disposera donc d'un *surplus de pouvoir d'achat* qu'il utilisera pour acquérir d'autres biens. D'autres entreprises vendront davantage. Elles embaucheront. Finalement, tout finira par s'équilibrer à un niveau de bien-être supérieur à celui dont le pays bénéficiait au départ. Et cela grâce à l'impulsion initiale donnée par le progrès technique.

Pourtant, c'est vrai, la réalité que nous avons sous les yeux ne correspond pas à cette belle théorie. La machine paraît détraquée.

Que se passe-t-il ? Tout simplement, il se produit

des *fuites* dans le recyclage : le surplus de pouvoir d'achat que les licenciements ont dégagé au profit du consommateur n'est pas réinjecté dans le système. En raison de la concurrence faussée, il se trouve *détourné vers des pays lointains qui ne nous rendent jamais la pareille*. Pour notre économie, c'est une perte sèche : nous avons fait l'effort de la compétitivité, nous avons enregistré les chômeurs, mais nous ne voyons jamais les gains revenir par une autre voie.

En roulant un jour de vacances, sur une route de campagne, mon attention fut alertée par une série de panneaux écrits au pistolet projeté en lettres de désespoir par un paysan de borderie. Sur les trois pancartes qui se suivaient, étaient écrits à la peinture blanche, trois slogans en gros caractères malhabiles. Le premier : « *Voitures japonaises* ». Le second : « *Téléviseurs coréens* ». Et le troisième : « *Chômage français* ».

Finalement, me suis-je dit, les rédacteurs de ces panneaux avaient découvert une vérité que les économistes les plus savants ont ignorée jusqu'ici : si, dans une économie ouverte, la concurrence ne s'exerce pas sur des bases équitables, les surplus de pouvoir d'achat qu'un pays dégage en améliorant sa compétitivité peuvent être détournés par les mauvais joueurs. C'est pourquoi j'ai proposé plus haut l'institution de « droits compensateurs » (1), qui, en ordonnant la compétition, sauveraient aussi la légitimité du progrès technique.

(1) Voir première partie.

Faut-il relancer « l'économie mixte » ?

On me dira peut-être que personne ne propose aujourd'hui en France de redonner une chance à « l'économie mixte ». En effet tout le monde paraît avoir admis que notre système actuel, celui d'un noyau « dur », formé par l'appareil étatique encombré de ses privilèges statutaires, et entouré d'un gangue molle d'entreprises publiques nourries aux amphétamines des capitaux d'État, entraîne une rigidité considérable à l'heure où l'impératif est à la souplesse. Les frais généraux et la sous-productivité que ce système engendre, à la charge de la société, se traduisent fatalement, au bout du compte, par un surcroît de chômage pour cause de compétitivité insuffisante. Même la gauche intelligente reconnaît que la réforme de l'État est devenue, en 1993, une urgence prioritaire : « Une longue période s'achève, écrit Alain Minc, qui avait vu le changement s'imposer à partir de la société et du marché. Il n'est plus possible d'escompter le progrès dans le seul contournement de l'État et du secteur public (1). » Et pourtant...

Malgré ce constat d'accord, on a vu se développer, en France, au moment de l'élection de Bill Clinton à la présidence américaine, une effarante campagne visant à flétrir les idées libérales et à réhabiliter indirectement le statu quo français. « La fin du laissez-faire », titrait l'un. « Vers un reflux des thèses libérales ? », s'interrogeait un second. « La restauration de l'initiative publique », affirmait un troisième. Simultanément, on nous bros-

(1) Alain Minc, *Français, si vous osiez,* Grasset, 1991, p. 22.

sait un tableau apocalyptique des maux de l'Amérique, la pauvreté, le sida, les routes défoncées, sans compter leur effrayant taux de chômage (7,5 %)...

Regardons les choses d'un peu plus près. Le *Wall Street Journal*, pourtant peu favorable à Bill Clinton, écrivait avant même l'élection : « La campagne de Clinton a fiché un *pieu* dans le cœur de la gauche américaine. Répudiée par les électeurs dans toutes les élections présidentielles depuis 1968, la gauche est maintenant répudiée par le porte-drapeau de son propre parti » ... et un peu plus loin : « La philosophie (du candidat démocrate) ne reprend en rien celle de la gauche officielle. Au contraire, son programme économique est remarquable par son esquive des palliatifs trop faciles de la redistribution (1). »

En effet, le mot clé du discours de Bill Clinton a été — j'entends en matière économique — « la responsabilité individuelle », ce qui devrait très mal sonner aux oreilles des bureaucrates. Son programme ? D'importants investissements dans le domaine de l'éducation et des infrastructures, compensés par une augmentation des tranches les plus élevées de l'impôt sur le revenu, de 31 à 36 % (simple broutille, comparé à la France), une compression des dépenses publiques (avec l'idée de supprimer 100 000 postes de fonctionnaires), une lutte plus énergique contre la fraude fiscale, et des coupes dans les dépenses militaires.

George Bush a eu beau dénoncer dans ces projets l'émergence d'une « politique industrielle » dirigiste qui serait porteuse de dangereux empiétements de l'État, les électeurs ne l'ont pas cru. Le

(1) « La liberalism », *Wall Street Journal*, 2 novembre 1992.

programme de Bill Clinton n'a rien d'antilibéral (au sens français du mot), parce que, dans la tradition que je défends moi-même, l'État y joue un rôle nécessaire, notamment pour l'éducation et les infrastructures. Au vu de ces propositions, il est difficile de parler de socialisme, ou d'économie mixte (aucune extension du secteur public n'est prévue), même pas de « capitalisme rhénan » (on n'y trouve aucune trace de cogestion). Tout au plus y verrais-je une évolution, que je ne saurais blâmer, depuis un libéralisme « à l'anglo-saxonne » (très individualiste, avec un État faible), vers un libéralisme « à la française » (où l'État joue un rôle d'équilibre) (1).

Examinons les deux points litigieux : l'éducation et les infrastructures.

Dans mon Livre Blanc sur l'éducation (2), j'ai écrit qu'après avoir investi à tort dans les usines au XXe siècle, l'État devait, au XXIe siècle, investir dans l'immatériel et la matière grise ; je n'entends pas par là un investissement direct : sous réserve du cas du secteur public, à remettre sur pied, l'État doit surtout établir des règles générales de niveau ainsi que des normes minimales de programmes, contrôler leur application, et *répartir les financements*. Sous cet angle, l'arbitre ultime doit collecter les ressources en faisant appel à tous les citoyens, et répartir des « forfaits d'externat » aux établissements, selon leur nombre d'élèves, et les missions spécifiques qu'ils assument éventuellement.

De cette manière, l'État garantirait mieux le financement de l'éducation, tout en réhabilitant le

(1) Voir troisième partie : « La vraie mission de l'État libéral. »
(2) « Rendre l'École à la Nation. »

rôle des « usagers de l'école » dans l'orientation de l'offre. Il réconcilierait éducation et marché, pour le plus grand bien de l'économie, qui supporterait ainsi un chômage structurel plus faible, les qualifications préparées correspondant mieux aux besoins (1).

Quant aux grandes infrastructures dont notre pays a besoin, la mission de l'État apparaît logique et légitime. D'ailleurs, les observateurs ont relevé que Bill Clinton ne parlait jamais de ces investissements en termes keynésiens (à partir d'un « multiplicateur de la dépense », qui favoriserait la relance), mais en termes d'économie de l'offre (de par la rentabilité intrinsèque de l'opération). Autrement dit, le candidat démocrate utilisait les concepts mêmes de ses adversaires ! Il n'avait pas trop de difficultés, dans ces conditions, à défendre son dossier.

En effet, nous savons maintenant que les dépenses publiques n'exercent pas toutes le même effet sur la croissance et l'emploi : des charges collectives de fonctionnement plus lourdes entraveraient plutôt l'économie ; mais en revanche, des investissements d'infrastructure pourraient être rentables, s'ils étaient bien corrélés aux besoins. On a pu calculer que la construction d'une voie express dans une zone urbaine à forte circulation était susceptible de dégager une rentabilité de 20 % par an (2). C'est bien sûr ce type d'investissement qu'il nous faut mettre en œuvre.

Mais alors, me dira-t-on, si une telle opération est rentable, pourquoi ne pas lui trouver des

(1) Voir détail de ces propositions dans le Livre Blanc, et troisième partie de cet ouvrage.

(2) Voir *Wall Street Journal*, 3 novembre 1992, déjà cité.

financements privés, qui présenteraient l'avantage de ne pas creuser le déficit budgétaire ? C'est précisément ce que je suggère dans les propositions qui vont suivre.

En somme, je ne vois nulle part dans le programme de Bill Clinton, qu'une occasion véritable ait été donnée aux tenants de « l'économie mixte » de remettre de la braise dans la chaufferette.

Ce qui ne veut pas dire pour autant que je trouve ce programme mirobolant. Il présente à d'autres égards d'inquiétants points faibles, et notamment une regrettable propension à promettre plus qu'il ne peut tenir. Mais il reste que, pour ce qui concerne « l'économie mixte », la campagne présidentielle américaine confirme plutôt l'agonie de ce concept, quoi qu'en pense le dernier carré des socialistes français.

Faut-il « partager le travail » ?

Dans son discours de politique générale à l'Assemblée nationale, lorsqu'il fut nommé Premier ministre, Pierre Bérégovoy déclara aux députés : « Nous ne réduirons pas le chômage si nous ne nous engageons pas résolument dans le partage du travail. » L'évocation du « partage » a sans doute réjoui les sensibilités socialistes, réchauffant probablement de vieux souvenirs des années de conquête. C'est peut-être ce qui explique son succès, du moins dans les conversations. Car sur le terrain, c'est une autre affaire. D'ailleurs, au moment même où Pierre Bérégovoy appelait à *partager le travail* (c'est-à-dire à en réduire la durée pour chacun), le chancelier Kohl, de son côté, appelait ses concitoyens à *travailler davantage* pour faire face aux difficultés du pays. Mieux encore, un rapport remis peu de temps auparavant au gouvernement socialiste, rédigé par François Dalle, et qui fit quelque bruit, retenait comme une des orientations principales : « Travailler plus et travailler mieux (1). » Il se fondait sur une constatation de bon sens : « Il en est du travail comme du désarmement. Nous ne pouvons travailler moins quand les autres travaillent plus. »

Et il est vrai que si les Allemands sont assez proches de nous pour le nombre d'heures travaillées (autour de 1 650 heures par an), les États-Unis nous dépassent plus nettement (1 800), et le Japon nous surclasse de loin (2 100) (2). Sans vouloir rattraper les Japonais — sans doute n'est-ce plus compatible avec notre mode de vie — au moins serait-il opportun de ne pas nous infliger de handicap supplémentaire.

Réduire la durée du travail, en soi, peut paraître défendable : de toute façon, sur la longue durée, c'est bien ce qui se produit. Malheureusement, sur la courte durée des dernières années, dans un contexte de compétition internationale aiguë et d'ouverture aux échanges, c'est plutôt l'inverse que l'on constate : la stabilisation des durées de travail, voire leur remontée dans certains pays.

Bien plus graves sont les objections contre le lien que Pierre Bérégovoy semble établir entre « réduire le chômage » et « partager le travail ». Cette proposition repose sur l'idée simpliste qu'il existerait dans le pays un *volume global de travail donné* et qu'on

(1) François Dalle et Jean Bounine, *Pour développer l'emploi*, Masson, 1987, p. 74.

(2) Voir annexe 15.

pourrait le répartir à son gré sans influer sur la productivité. Bien entendu, ce raisonnement est faux : si Jacques remplit parfaitement sa mission, et que je lui demande de travailler à mi-temps afin de pouvoir embaucher Pierre, qui est moins productif, la somme des deux donnera un résultat inférieur au travail initial de Jacques. Le résultat sera même pire si ce dernier n'accepte pas une réduction proportionnelle de son salaire — exactement ce qui s'est passé dans notre pays en 1982, au moment des « 39 heures payées 40 ».

Enfin, la logique du partage du travail ignore les problèmes d'ajustement entre offre et demande d'emplois, ainsi que les spécificités sectorielles.

Finalement, le remède serait pire que le mal : il faudrait prévoir des charges accrues pour le pays, donc à terme une perte de compétitivité. C'est bien ce qui semble s'être produit en 1982, à une petite échelle, puisque la réduction autoritaire de la durée du travail de 2,5 % n'a augmenté l'emploi que de 0,2 à 0,4 % (1), soit quelques dizaines de milliers de postes nets. Mais à plus long terme, quel bénéfice en avons-nous tiré ? Il suffit de voir où en est le niveau du chômage aujourd'hui pour répondre à la question.

Ces considérations ne sauraient arrêter un bon socialiste. En décembre 1992, Michel Sapin récidive encore, en déclarant que « la croissance, aussi forte soit-elle, ne permettra jamais d'effacer le chômage en France. Pour le faire diminuer, l'enjeu majeur des dix prochaines années sera le partage

(1) « Des 40 heures aux 39 heures : processus et réaction des entreprises », O. Marchand, D. Rault et É. Turpin, *Économie et Statistiques*, n° 154, avril 1983.

du temps de travail (1) ». Ce qui signifie en clair : « Les problèmes de fond, immigration, ouverture universelle, défaillance du système éducatif, etc. ne seront jamais résolus. Alors préparez-vous à la régression. »

Sur cette base, les professionnels de l'irréalisme s'en donnent à cœur joie. Alain Lipietz, porte-parole de la commission « économie » des Verts, propose une réduction du temps de travail « massive, suivi par son parti, coordonnée au niveau national, et rapide » pour passer à 35 heures. À l'inévitable question d'un journaliste sur la diminution éventuelle des salaires, il répond : « La bonne solution est entre les deux. Les 35 heures seraient payées 37,5 heures (2). » Il suffisait d'y penser.

Bien sûr, nous savons qu'une telle politique autoritaire conduit à l'échec. Et d'ailleurs, si elle réussissait, où nous mènerait-elle ? Non pas à une société conquérante, mais à une gestion de la pénurie, avec la réduction inexorable des pouvoirs d'achat individuels.

La solution est tout autre. Elle consiste à *augmenter* le volume global de travail en luttant contre les maux qui engendrent le chômage, et qui sont décrits dans cet ouvrage. Accessoirement, il faut imaginer, c'est vrai, des formules de souplesse qui optimisent le potentiel de création d'emplois : travail à temps partiel, horaires variables, contrats à durée déterminée, entreprises de travail temporaire doivent être aussi libres que possible. Mais bien entendu, dans tous les cas, il doit s'agir de cadres juridiques mis à la disposition des acteurs du

(1) *Paris-Match*, 10 décembre 1992.

(2) Le plan de lutte contre le chômage des Verts. *La Croix*, 17 novembre 1992.

marché qui, éventuellement, les choisissent s'ils en éprouvent le besoin. Cela n'a rien à voir avec une démarche autoritaire.

C'est finalement une position assez souple qui a été adoptée en décembre 1992, à la suite du rapport Marimbert (1), pour encourager le travail à temps partiel ainsi que la cessation progressive d'activité à l'approche de la retraite. Ces formules, qui correspondent à une demande sociale réelle, favorisent en outre la flexibilité du marché du travail, toujours bienvenue en période de conjoncture difficile. On relèvera notamment avec faveur l'abattement de 30 % sur les cotisations sociales patronales qui vient d'être institué pour le travail à temps partiel. Nous sommes toutefois encore loin de la Grande-Bretagne, où l'abattement est de 100 % (2).

(1) Jean Marimbert, « Situation et perspectives du travail à temps partiel », rapport au ministre du Travail, mars 1992.
(2) Voir annexe 10.

II. — Les vraies solutions

Déparasiter l'emploi

En France, le temps de réaction de l'emploi à la croissance est bien plus long que chez nos partenaires (1). On sait qu'il faudrait aujourd'hui 2 % de croissance pour commencer à *recréer* des emplois, 3 % pour stabiliser le chômage, 4 % pour le faire sensiblement reculer. Nous en sommes loin. Avec 1 % de croissance probable en 1993, nous sommes sûrs de continuer à détruire des emplois, beaucoup plus que nos partenaires. Pourquoi donc ce cycle d'hystérésis distingue-t-il la France de ses voisins ?

Parce que, chez nous, l'emploi est parasité par le poids du secteur public, la lourdeur et la structure des prélèvements, les rigidités subies par le marché du travail. C'est le diagnostic de nombreux chefs d'entreprise comme Jean-Louis Beffa, P-DG de Saint-Gobain : « *La France me paraît avoir un problème très spécifique : dès que la croissance ralentit, les conséquences sociales sont beaucoup plus graves dans notre pays que chez nos principaux partenaires, parce que le système de frais généraux de la Nation y est d'une nature très*

(1) Voir annexes 16 et 17.

différente, car très coûteux et peu flexible. C'est à ce niveau-là qu'il convient d'apporter, en priorité, des réponses de fond. »

Pour apporter une première réponse, nous devons prendre à bras le corps la réforme de l'État.

Repenser l'État

La réorientation de l'appareil étatique vers de nouvelles missions (1) a pour but de se mettre en position de défense et en position d'attaque : *protéger* l'emploi et *mobiliser les énergies* pour augmenter la compétitivité du pays sur des axes stratégiques. En effet, même si nous corrigeons les distorsions du commerce international que je dénonce, la France n'en restera pas moins soumise, il ne faut pas le perdre de vue, à la concurrence normale d'autres pays. C'est souhaitable et d'ailleurs nécessaire. Dans ces conditions, il faut s'y préparer mieux qu'aujourd'hui.

Une grande réforme administrative devra donc être lancée sur quatre axes stratégiques :

1 — *Repenser les services publics en termes de compétitivité* : compétitivité pour alléger les charges de la nation ; compétitivité pour compléter utilement le travail de nos entreprises ; compétitivité pour rendre attirant à tous les points de vue — y compris celui de la qualité — l'espace économique national.

« Lutte contre le chômage » et « compétitivité » représentent les deux faces d'une même médaille : la réforme du système de formation ferait coup double en adaptant mieux les qualifications à

(1) Voir troisième partie.

l'offre ; de même celle de l'aménagement du territoire, qui, en répartissant mieux les activités, ferait émerger des gains de productivité ; de même, encore, la politique d'arrêt de l'immigration, qui nous allégerait de la charge d'une main-d'œuvre non qualifiée et difficilement assimilable ; de même enfin les privatisations, qui ramèneraient l'État à ses véritables missions.

Mais il faudra aussi aller plus loin, en s'interrogeant systématiquement : l'argent public investi dans tel ou tel service ne serait-il pas plus utile ailleurs ? Aujourd'hui, l'administration raisonne encore, pour se justifier, en termes d'*utilité absolue* ; il faut maintenant raisonner en termes d'*utilité relative*. Dans l'absolu, un service public présente toujours, par quelque côté, un avantage quelconque, et on en conclut qu'il vaut mieux le conserver. Mais posez maintenant la question relative : cet avantage est-il plus ou moins grand que celui procuré par le même argent public investi ailleurs... ou laissé à la disposition des contribuables ? La réponse risque d'être bien différente.

Évidemment, on me dira que, souvent, les instruments de mesure des utilités relatives font défaut. Peut-être précisément parce qu'on ne s'est pas suffisamment attaqué au problème. De grands « audits comparatifs » devraient être menés par des organismes *extérieurs à l'administration*, de façon à garantir leur impartialité.

2 — *Mettre l'administration au service de l'emploi.*

Qu'on ne se méprenne pas : je ne veux pas dire qu'il faut inventer de nouveaux décrets pour obliger les entreprises à embaucher, ou à ne pas licencier. Je veux dire qu'il faut que l'administration se décide, une bonne fois pour toutes, à aider vraiment les entreprises.

Prenons un exemple : à l'heure même, en décembre 1992, où la majorité socialiste de l'Assemblée votait une nouvelle loi susceptible de rendre les licenciements plus difficiles, un de mes amis, syndic bénévole de sa copropriété, recevait de l'Urssaf le papillon suivant :

« Veuillez noter qu'à compter de cet envoi votre bordereau récapitulatif des cotisations vous sera adressé en un seul exemplaire. Vous voudrez bien prendre toutes les dispositions qui vous permettront de mémoriser les renseignements portés sur ce document. Signé : La direction. »

Autrement dit, au lieu de la traditionnelle double feuille de déclaration, le premier volet se décalquant sur le second, le petit artisan qui emploie un salarié reçoit une feuille unique, et il doit désormais aller au bureau de tabac du coin s'il veut faire une photocopie pour ses archives.

Cet exemple peut paraître au lecteur de peu d'importance. Mais je le crois très révélateur. Par mille coups d'épingles de ce genre, par mille petites mauvaises actions contre l'emploi, on finit par décourager les créateurs d'entreprise.

Il faut vraiment changer cette mentalité, *pour permettre aux entrepreneurs de se consacrer entièrement à leur véritable tâche, la création de richesses et d'emplois*. Je propose, à titre non limitatif, les deux actions suivantes :

— Pour les entreprises de moins de 10 salariés, demander à l'administration d'effectuer elle-même le calcul des charges sociales et fiscales, comme elle le fait déjà pour les emplois familiaux. Bien évidemment, aucune nouvelle embauche ne devrait être acceptée pour ce travail.

— Poser un nouveau principe : *l'administration ne devra jamais demander plus d'une fois le même renseignement à une entreprise.*

Aujourd'hui, pourquoi faut-il redéclarer aux Assedic ce que l'on a déjà dit à l'Urssaf? Et pourquoi faut-il le répéter une troisième fois aux Impôts (par exemple pour la taxe sur les salaires) ? Ne pourrait-on pas inventer une bonne fois pour toutes le *formulaire unique* ?

J'ai sous les yeux un formulaire de « Déclaration annuelle des données sociales », soi-disant « simplifiée », qui fait partie du pensum de fin d'année pour le petit entrepreneur. On ne lui demande dans cette fiche que des renseignements qu'il a déjà donnés à l'administration, en d'autres occasions. Le premier d'entre eux est le suivant : « Combien payez-vous de taxe sur les salaires ? » C'est un comble ! Si l'administration ne le sait pas...

3 — *Réformer l'ANPE.*

Lorsque l'on évoque les « rigidités du marché du travail », on oublie toujours une étonnante spécificité française : le monopole du placement confié à un établissement public, l'ANPE. Bien sûr, ce monopole souffre de nombreuses dérogations, mais son existence crée tout de même des obstacles, par la lourdeur de l'ANPE, sa culture réfractaire à l'esprit d'entreprise et l'absence de véritable concurrence qui pourrait aiguillonner ce gigantesque service administratif.

Certains croient trouver une solution au problème en proposant de régionaliser l'ANPE. Mais j'entends déjà les syndicats protester contre le « démantèlement », et les régions contre le « transfert de charges ». Et de toute façon, même si cette opération — au demeurant souhaitable — était menée à bien, je ne suis pas sûr qu'elle résoudrait tous les problèmes. Car la vraie solution, pour rendre le marché du travail plus fluide et plus transparent, c'est de *donner à la société civile davantage de responsabilités.*

Il faut donc recentrer l'ANPE sur les missions de contrôle, qui ne sont pas toujours bien remplies (1). Et, pour le placement, *introduire « l'intéressement » des organismes de formation* (par exemple, en leur donnant une prime pour chaque stagiaire qui trouve un emploi), *s'appuyer davantage sur les agences d'intérim* (en récompensant là aussi les placements définitifs), et peut-être même *autoriser la création de bureaux de placement privés* (travaillant pour le demandeur d'emploi, et non plus seulement pour l'employeur éventuel), à condition qu'ils soient *sérieusement réglementés* (2). Ces mesures diffuseraient la responsabilité chez les différents partenaires et pourraient contribuer à dynamiser l'ANPE, pour le plus grand bien du marché du travail.

4 — *Poser le problème du dégonflement du secteur administratif sous statut fonction publique.*

Ce dégonflement est indispensable aujourd'hui. Il le sera encore davantage demain, compte tenu

(1) Comme l'a montré, à la fin de 1991, le rapport Dubois-Lucas, qui avait été à l'origine des déclarations de Michel Charasse sur les « 700 000 faux chômeurs ».

(2) Par exemple, le cabinet de placement ne serait payé *que* par les demandeurs ayant *effectivement trouvé un emploi,* et par un pourcentage uniforme de leur premier salaire.

des immenses gains de productivité que l'informatisation va engendrer dans les services non marchands. Les effectifs les plus importants se trouvent à l'Éducation nationale (1 million de fonctionnaires de l'État). Précisément, la réforme que je propose tendrait à les réduire : les écoles professionnelles et les établissements publics, ayant choisi un statut d'autonomie (les « écoles publiques libres »), n'emploieraient de fonctionnaires que détachés ou en disponibilité (1).

Pour le reste, on peut craindre que les dégagements autoritaires de cadres, auxquels certains songent parfois, ne profitent en réalité à personne. En effet, la population administrative, dans une très large proportion, a reçu un type de formation générale que les entreprises recherchent peu. Du coup, les reclassements seraient difficiles. Et on ne ferait qu'augmenter le nombre des chômeurs. Je ne vois pas l'utilité de déployer des trésors d'imagination pour inventer partout des « petits boulots » plus ou moins nécessaires, aux frais du contribuable, alors qu'en même temps on détruirait ceux qui existent déjà dans les vastes replis de notre administration.

Pour alléger les effectifs de l'État, choisissons une méthode plus souple, plus progressive, de manière à ne pas accroître le chômage; pour y parvenir, il faudrait :

— ne remplacer qu'un agent sur deux partant à la retraite, selon la méthode utilisée sous le dernier gouvernement Chirac;

— privilégier, encore plus qu'aujourd'hui, les

(1) Voir le Livre Blanc « Rendre l'École à la Nation ». Mais les EPL n'emploieraient pas que des fonctionnaires : aussi des salariés de droit commun.

actions de reconversion internes à l'administration ;

— dans ce but, faire procéder à des audits indépendants sur les besoins d'effectifs en certains points, les excédents ailleurs, et les meilleurs moyens de les faire coïncider ;

— encourager davantage le travail à temps partiel ;

— accorder une prime très substantielle (par exemple 200 000 francs) aux agents d'âge compris entre 20 et 50 ans, qui souhaiteraient quitter l'administration ; je suis sûr que cette mesure intéresserait beaucoup de femmes désireuses de rester au foyer. On ferait coup double.

Évidemment, la direction du Budget nous dira tout de suite que de telles opérations coûteraient très cher. Mais il faut bien comprendre que les recrutements inopportuns, effectués par les socialistes vont nous coûter encore plus cher, et pendant longtemps. De toute façon, nous allons payer. Alors autant payer intelligemment. Et puisque les recettes des privatisations doivent servir à désendetter l'État, pourquoi ne verrions-nous pas là une forme de « désendettement » particulière ?

Relancer sans déficit

La relance par l'orthodoxie

Aujourd'hui, pour toutes les raisons déjà recensées, notamment la « fuite » internationale dans le système, il serait totalement vain de vouloir améliorer la situation de l'emploi en opérant une relance classique de type budgétaire. Ce serait en outre ruineux pour l'État, déjà en quasi-faillite.

Nous en sommes au point où le meilleur moyen de relancer l'économie aujourd'hui, c'est de *réduire le déficit public.*

Par quel mystère ce paradoxe est-il devenu l'évidence et l'urgence de l'heure? Tout simplement parce que le poids de l'État est si lourd que tout nouveau déficit, reçu par les Français comme une promesse de prélèvements à venir, et donc comme une amputation future des revenus et des patrimoines privés, noircit l'avenir au lieu de dégager l'horizon. Il contribue aussi à augmenter les taux d'intérêt et donc à casser la croissance même dont il voudrait fouetter l'élan. Autrement dit, aujourd'hui, le prétendu « stimulus » d'une dépense keynésienne paraît tout à fait contreproductif.

Au contraire, la réduction du déficit public, qui entraînerait un certain retrait de l'État des marchés financiers, favoriserait la baisse des taux d'intérêt et fournirait des capitaux sains à la croissance et à l'emploi. La réduction des taux d'intérêt remplacerait avantageusement la dépense publique. L'orthodoxie budgétaire serait plus payante que le soi-disant « déficit dynamique »!

La « relance par l'orthodoxie » peut être amplifiée si est annoncé, à l'avance, un plan de réduction progressive du déficit, et que l'on s'y tienne. En effet se développeront alors des anticipations qui faciliteront la reprise, et du même coup la réduction du déficit. Le cercle vicieux sera brisé.

Bien entendu, dans le système européen de libre circulation des capitaux où nous sommes, il ne suffirait pas que la France pût seule tenir ce cap. Un retour à l'orthodoxie coordonné dans toute l'Europe serait indispensable, et bien plus utile que la misérable dépense de 7 milliards d'écus, prévue, soi-disant à des fins de relance, par le sommet d'Édimbourg (décembre 1992).

La relance par les citoyens

Il est primordial que l'État veille à tisser un réseau équilibré d'infrastructures de transport.

Mais cette mission peut entrer en contradiction, dans les circonstances actuelles, avec la nécessité de revenir à une plus grande orthodoxie budgétaire, d'autant que les besoins sont considérables : autoroutes nouvelles, poursuite du programme TGV, grands ouvrages d'art, futur réseau communautaire à grande vitesse, avec 5 000 kilomètres de voies spéciales...

Je crois que nous disposons d'une solution très opportune : la création de *sociétés privées de construction d'infrastructures*, voire de gestion de lignes ferroviaires, dont *l'actionnariat serait populaire*.

Pourquoi ne pas utiliser la formule de la concession, déjà bien connue ? N'oublions pas que c'est ainsi qu'ont été financées en France la construction des chemins de fer avant-guerre, ainsi que celle du métro parisien. Le système a donc fait ses preuves. Il a encore fonctionné récemment pour Eurotunnel.

Quelles objections pourrait-on opposer à la création de telles sociétés de construction d'infrastructures par actionnariat populaire ?

L'absence d'épargne disponible ? Ce n'est pas sérieux. Les Français disposent à l'heure actuelle de 1 200 milliards de francs placés sans aucun risque dans des SICAV monétaires pratiquement hors impôt. Cependant que l'épargne en actions est relativement pénalisée : pour verser 100 francs net à l'épargnant, l'entreprise française doit encaisser 122 francs de profit s'il s'agit d'obligations, mais 245 francs s'il s'agit d'actions. En Allemagne, le chiffre tourne, dans les deux cas, autour de 222 francs, toujours pour un versement net de 100 francs.

Il suffirait certainement de rendre plus équitable la fiscalité des actions pour obtenir de sensibles modifications des placements. Si seulement la moitié des capitaux aujourd'hui fixés sur les SICAV monétaires se déplaçait, on financerait facilement à la fois les privatisations et les infrastructures.

Le risque technique? Il n'existe guère aujourd'hui pour des autoroutes. Le tunnel sous la Manche représente le type de risque maximum. Il a été pris, à tort ou à raison, avec d'ailleurs une vaste souscription populaire. Mais les autres opérations envisageables sont bien moins risquées.

Le risque réglementaire? Il s'agirait du risque de non-rentabilité, qu'engendrerait un refus de l'État concessionnaire d'autoriser des relèvements de tarifs. On peut y parer en revoyant les modalités du contrat de concession, pour allonger sa durée, et mettre l'entreprise responsable en sécurité sur le niveau des tarifs.

Le risque d'inexpérience? Mais les sociétés d'infrastructures incluraient bien sûr un fort « noyau dur » d'entreprises expérimentées dans le domaine concerné.

En face de ces risques hypothétiques, les avantages de la formule seraient nombreux : les nouvelles sociétés mobiliseraient une vaste épargne populaire pour des projets d'aménagement. Ces projets constitueraient à leur tour le socle de la localisation des investissements futurs.

L'achat d'actions de ces sociétés devrait aussi constituer par excellence le placement de « père de famille », sur lequel pourrait s'appuyer le développement futur de retraites en capitalisation.

Enfin, en débloquant l'épargne aujourd'hui investie dans des placements sans risque, cette formule permettrait la seule vraie relance, la *relance par les citoyens.*

Redonner confiance à la société civile

Réconcilier profit et emploi

Lorsque le marché régresse, en raison d'un ralentissement conjoncturel, ou d'un rétrécissement structurel (tels que celui du textile et de l'électronique), la société court le risque de s'enfermer dans un faux problème : l'antinomie apparente entre profit et emploi.

Aujourd'hui, où le licenciement est devenu « l'investissement le plus rentable » et où l'on « dégraisse » pour devenir compétitif (mais face aux pays à bas coûts salariaux, c'est de toute façon impossible), le dilemme profit-emplois revient au premier plan. Gagner de l'argent sert à financer, non plus des investissements de *capacité* débouchant sur de nouveaux emplois, mais, le pessimisme aidant, des investissements de *productivité* pour comprimer les coûts salariaux et peut-être pour licencier encore davantage. Le bon directeur des ressources humaines, c'est celui qui réussit à « dégraisser » sans cesse tous les ans.

Les salariés comme les chefs d'entreprise sentent bien ce qu'il y a de malsain dans ce nœud de contradictions, mais personne ne voit d'issue. Les salariés, d'après un sondage récent (1), estiment que leur patron a tort d'accorder la priorité à la recherche du profit, alors que l'objectif principal de l'entreprise devrait consister, selon eux, à créer des emplois. Aussi bien, l'image du patron et celle de l'entreprise s'en trouvent-elles écornées. Quel recul par rapport au milieu de la dernière décennie, où les Français, instruits par l'expérience du socialisme militant, réhabilitaient massivement l'entreprise et le profit! L'inquiétude du chômage risque de bouleverser ces conceptions économiques saines, mais qui n'étaient pas encore suffisamment ancrées dans l'esprit public pour chasser les vieilles utopies.

Pourtant, lorsque le chef d'entreprise se trouve devant un problème de sureffectif, quelle est l'attitude la plus « sociale » de sa part? Sacrifier quelques postes de travail pour sauver le reste, ou se voiler la face, en attendant la faillite complète, comme on l'a fait chez Lip?

La marge de manœuvre du patron est souvent étroite : l'entreprise a le devoir sacré de persévérer dans son être, avant même de préserver telle ou telle quantité de postes de travail. La vraie question est celle-ci : pourquoi la recherche du profit se retourne-t-elle souvent aujourd'hui contre l'emploi, au lieu de pousser l'économie vers le dynamisme de la croissance et de l'embauche?

Réponse : encore une fois, parce que nous ne vivons plus avec les mêmes règles du jeu qu'auparavant, et que les nouvelles règles, établies dans le

(1) « L'entreprise telle que les Français la souhaitent », Sondage Louis Harris, *Challenges*, décembre 1992.

chaos quotidien de l'*échange mondial inégal,* fonctionnent contre nous.

Aujourd'hui, les membres de la société civile, les salariés comme les chefs d'entreprise, se trouvent en quelque sorte au fond d'un entonnoir. Depuis le haut, et de l'extérieur, pleuvent des données indépendantes de leur volonté : le poids de l'État, ses réglementations, la concurrence des pays à bas coûts salariaux, les désordres monétaires, l'ouverture sans discernement au niveau de Bruxelles.

En bas, au goulet, tout le monde doit s'accommoder du tourbillon et de la pression qui en résultent. Bien sûr, les Français peuvent s'adapter. Ils peuvent faire des efforts. Ils peuvent accroître leurs qualifications. Ils peuvent se reconvertir dans la qualité pour mieux affronter la concurrence extérieure. Quelquefois, avec succès. Le travail et l'ingéniosité finissent par payer. Mais souvent nos compatriotes s'épuisent en vain, parce que le poids est de toute façon trop lourd.

C'est pourquoi il faut d'abord donner des *règles justes* au jeu international. Dès lors, tout sera beaucoup plus facile, et l'optimisme pourra revenir.

D'autres remèdes que le licenciement

Les esprits évoluent : une enquête récemment effectuée par l'Institut de l'Entreprise (1) montre que 91 % des patrons estiment qu'il est pour eux nécessaire de s'impliquer davantage dans la lutte contre le chômage. Il ressort de leurs réponses qu'ils ont parfaitement réalisé qu'un chômage de vaste ampleur pouvait remettre en question l'éco-

(1) *Les Échos,* 17 novembre 1992.

nomie libre. Ils souhaitent le combattre par tous les moyens, du moins ceux qui appartiennent à leur domaine de compétence : par exemple, selon la même étude, si le choix est donné entre réduire les effectifs et réduire les rémunérations, les patrons sont prêts à choisir la seconde solution, et à donner l'exemple. Les salariés, interrogés eux aussi, sont en général dans le même état d'esprit : si la question se pose dans leur entreprise, 62 % se déclarent prêts à sacrifier 10 % de leurs salaires et, parmi eux, un tiers irait jusqu'à 20 %.

Même si les choses se révèlent souvent plus compliquées lorsque l'on veut passer de la théorie à la pratique, l'évolution des esprits que montrent ces enquêtes n'en reste pas moins fort intéressante. En effet, dans le passé, on a eu un peu trop souvent l'impression que le licenciement servait de remède universel et facile, pour éviter d'avoir à traiter des problèmes de fond dans l'entreprise.

La flexibilité des coûts salariaux

Dans la théorie classique, le chômage ne peut résulter que d'un coût du travail trop élevé, tel que la productivité marginale d'un employé n'arrive pas à équilibrer le montant de son salaire. Il suffit alors de réduire le salaire pour rendre rentables les embauches sur des tâches secondaires, et même faire apparaître spontanément de nouvelles possibilités d'emplois. Par exemple, l'écrivain dactylographie lui-même son livre sur un micro-ordinateur. Mais si le coût du travail n'est pas trop important, il lui viendra nécessairement à l'esprit de se débarrasser de cette tâche, d'embaucher une secrétaire, et de consacrer son temps à la réflexion. La baisse des salaires permet ainsi de lutter contre le chômage (1).

Aujourd'hui, la baisse des salaires ne se produit pas vraiment, malgré l'existence d'un fort taux de chômage, notamment de longue durée. Lorsque les économistes énumèrent les causes de ce mauvais ajustement, et donc du chômage, ils évoquent le SMIC. C'est notamment l'avis de l'OCDE qui, dans un rapport sur la France publié en juin 1991, estimait que, pour les jeunes peu ou pas qualifiés, le coût global du travail dans notre pays décourageait l'embauche. Selon cette organisation internationale, réputée pour son sérieux, le SMIC se retourne finalement contre ses bénéficiaires.

Quoique cette position m'ait un temps paru bien argumentée, je n'arrive pas à y croire vraiment. Un SMIC mensuel représente aujourd'hui à peu près 5 800 F brut, et 4 800 net. Qui pourra me convaincre que, dans notre pays, le travail mensuel d'un homme, même non qualifié, vaut moins de 4 800 F par mois ? Je ne parle pas ici des marginaux, à un titre ou à un autre, mais des adultes normalement constitués. Si vraiment le travail d'un homme valait moins de 4 800 F, nous ne mériterions plus notre titre de « pays développé ».

On m'objectera les immigrés non qualifiés. Mais précisément, je suppose que leurs entrées seraient arrêtées dans l'avenir. De toute façon la question n'est plus vraiment d'actualité depuis que les « *contrats emploi-solidarité* » sont venus en quelque sorte tourner le SMIC. Le vrai problème ne tient-il pas alors aux autres salaires, ceux qui dépassent le

(1) Paul Fabra, « L'utilisation du temps et l'emploi », *Le Monde*, 2 juillet 1991.

SMIC, et qui n'en sont pas moins marqués par une grande rigidité ? Cette thèse paraît plus solide. On pense en particulier à toutes *les pesanteurs de la réglementation*, qui enlèveraient aux employeurs la possibilité de faire varier les coûts salariaux en fonction de la conjoncture. Mais en réalité, le marché trouve des palliatifs dans l'intérim ou les contrats à durée déterminée, qui ont été libéralisés ces dernières années.

Il ne tient qu'aux partenaires sociaux, semble-t-il, de consentir à des fluctuations plus grandes des rémunérations, en fonction des résultats de l'entreprise ou des « dividendes de la Nation », pour reprendre l'expression de Georges Pompidou. Selon les experts, si cette méthode du salaire en partie double (partie fixe et partie variable avec la productivité) était plus largement retenue, le niveau de l'emploi devrait en principe s'élever : l'entreprise y retrouverait en effet une sécurité.

A la régulation par le *chômage* serait ainsi partiellement substituée une régulation par les *salaires*.

C'est exactement ce qui vient de se passer à la Société Bordelaise de Crédit, membre du groupe CIC : les salariés ont accepté une réduction de rémunération de 800 à 5 000 F par an selon le niveau hiérarchique, le P-DG sacrifiant lui-même 120 000 F sur son salaire annuel. Avec une nuance : l'argent économisé sera rendu lorsque la conjoncture sera redevenue favorable, et au plus tard après dix-huit mois. C'est une limite importante.

Pourquoi ne pas appliquer aussi cette méthode à la fonction publique ? Comme la stabilité de l'emploi s'y trouve garantie, des fluctuations plus amples des rémunérations pourraient être acceptées dans un esprit de solidarité. On le sait, le cas s'est produit avant-guerre.

Certains observateurs soulignent un autre effet pervers des réglementations, provenant cette fois des difficultés pour l'employeur de sanctionner les salariés peu diligents. Selon la théorie du « salaire d'efficience (1) », l'employeur, empêché d'utiliser le « bâton », est obligé d'augmenter les « carottes », en payant son personnel au-dessus du prix du marché pour essayer de le dynamiser. Par contagion, ce type de comportement conduirait globalement, et sans que les intéressés en prennent conscience, à des destructions invisibles d'emplois dans toute la société.

Là encore, je ne crois cette explication qu'à moitié vraie : les licenciements sont devenus moins difficiles depuis la suppression de l'autorisation administrative préalable.

En revanche, il peut arriver que, dans beaucoup de grandes entreprises, notamment publiques, soumises à des conventions collectives rigides, et où la « tradition » exclut les licenciements, les salaires, pour certaines catégories, évoluent parfois très au-dessus de la ligne de flottaison des véritables prix sur le marché du travail.

Mais en dépit de tous les défauts des réglementations, il ne faut pas oublier l'importance déterminante des *comportements collectifs : salariés* réticents à accepter des réductions de salaires qui sauveraient des emplois ; *syndicats* qui privilégient leur clientèle de travailleurs en place, sans penser à ceux qui ne peuvent plus se défendre ; et même *chômeurs,* qui

(1) Jean-Michel Plassard et Gabriel Tahar, « La formation des salaires : de la loi du marché à la stratégie des acteurs », *Économie et Prévision,* 1-2 1990.

hésitent souvent à reprendre un emploi disponible, mais inférieur à leur rang précédent ou à l'idée qu'ils s'en font. Philippe d'Iribarne a baptisé « chômage paradoxal (1) » cette catégorie qui paraît particulièrement importante dans notre pays, où les gens attachent la plus haute importance à leur statut social, à ses signes extérieurs, et à la déférence qui serait due aux titulaires de diplômes de l'enseignement général. La perte de ce « statut » est qualifiée avec répugnance — même dans la littérature administrative, dont le langage est pourtant mesuré — du terme très négatif de « déclassement ». Or aux États-Unis par exemple, il n'apparaîtrait pas « déclassant » à un professeur de devenir plombier, s'il y gagnait en rémunération. Philippe d'Iribarne constate : « *Ainsi, alors qu'il paraît socialement légitime aux États-Unis ou au Japon d'offrir à un responsable d'un certain âge qui a perdu son emploi, de redémarrer une nouvelle carrière avec un poste nettement moins brillant et un salaire beaucoup plus faible que son salaire précédent, se prêter à pareille " déchéance " est difficile à admettre en France. On qualifie volontiers d'emploi " acceptable ", pour un chômeur, un emploi qui, outre le fait qu'il est stable, n'entraîne pas de dégradation de son salaire ou d'un autre aspect de son travail.* »

En France, nous avons encore à faire notre révolution culturelle, notamment vis-à-vis des métiers manuels. La réforme du système éducatif proposée ici, la multiplication des écoles professionnelles, et la revalorisation de l'apprentissage devraient y contribuer.

Mais finalement, il faut tout de même en arriver

(1) Philippe d'Iribarne, *Le chômage paradoxal*. « Économie en liberté. » PUF, 1990.

à la cause essentielle du coût élevé du travail : les *prélèvements fiscaux et sociaux* attachés au salaire. Lorsque le smicard perçoit 4 800 F nets mensuels, il ne faut pas oublier que l'employeur débourse environ 8 000 F. Tous les discours sur les rigidités du marché du travail, sur le « salaire d'efficience », ou sur le « chômage paradoxal » se trouvent très largement relégués au rang de causes accessoires par ces simples chiffres. D'autant que ces prélèvements sont rigides, voire dérivent à la hausse avec la crise, comme les cotisations Assedic.

Alléger la barque

Lorsque l'ensemble des charges double presque le salaire net, il faut être aveugle ou de mauvaise volonté pour ne pas y voir une cause majeure de la pénalisation de l'emploi, ainsi que des entreprises. Même la direction de la Prévision du ministère de l'Économie remarquait récemment qu' « une diminution du coût du travail de 1 % entraînerait à terme une hausse de l'emploi de 0,4 % dans les services (1) », ce qui est probablement plus ou moins vrai aussi dans le reste de l'économie. Cette administration citait notamment l'exemple de « la progression des emplois à temps partiel au Royaume-Uni, à la suite de l'abaissement de leur coût par une action sur le barème des cotisations sociales » (2).

De combien ces charges sont-elles trop élevées ? Bien entendu, s'il fallait comparer avec les pays du Sud-Est asiatique, nous serions obligés de conclure

(1) « Faut-il alléger le coût du travail ? », *La Tribune*, 29 juillet 1991.
(2) Voir annexe 10.

qu'elles doivent toutes être supprimées ! Ce ne serait pas sérieux. Voyons donc un pays voisin et moderne, l'Allemagne.

En février 1991, le Conseil Économique et Social avait remis au Premier ministre un avis très intéressant sur les prélèvements fiscaux et sociaux imposés aux entreprises. Il constatait l'existence d'une réelle spécificité française, concernant l'importance de ces prélèvements : 52 % des sommes nécessaires au financement de notre protection sociale reposent sur les employeurs, 29 % sur les prestataires, et 17 % sur des contributions sociales diverses ; en Allemagne, ces parts sont respectivement de 40 %, 30 % et 26 % (1). La différence des parts patronales pourrait donc expliquer à elle seule la meilleure rentabilité des entreprises allemandes.

De ces constats, on peut tirer trois séries de propositions :

1. Dans l'immédiat, et compte tenu de l'urgence, *élargir* les exonérations de cotisations sociales pour les PME.

Après un intense débat gouvernemental, a été instituée en 1991 l' « Exo-jeunes » qui, compte tenu de son succès, a été reconduite en 1992. Évidemment, cette formule revient à faire payer les cotisations sociales des uns par les autres, ce qui améliore la situation des premiers, mais peut aggraver celle des seconds. Toutefois, si son coût était équitablement compensé par l'État auprès des régimes sociaux, elle pourrait constituer une aide intéressante, non seulement à l'embauche des jeunes, mais

(1) Avec 2 % de « divers » dans un cas, et 4 % dans l'autre.

aussi pour les PME créatrices d'emplois. Il faudrait donc *allonger sa durée* pour les PME.

2. Transférer la charge des cotisations « famille » au budget de l'État.

Il est anormal que cette charge incombe aux employeurs (5,40 % des salaires bruts), car les prestations correspondantes n'ont rien à voir avec le travail fourni dans une entreprise ; elles relèvent plutôt de la solidarité nationale que concrétise l'impôt.

On m'a parfois objecté que si les prestations familiales devenaient désormais une charge directe de l'État, elles seraient systématiquement visées les premières par les mesures d'austérité. Il est facile de répondre que le système actuel ne les favorise guère non plus, puisque, depuis les années soixante, elles ont dans l'ensemble été très mal revalorisées. On ne voit pas comment la nouvelle formule pourrait faire plus mal.

En revanche, un transfert au budget de l'État pourrait se révéler très utile, lorsqu'on voudra mener une politique de la famille plus ambitieuse, avec une véritable rémunération du « *parent à temps plein* ».

Ce jour-là, si les cotisations familiales sont à la charge des seuls employeurs, personne ne voudra les augmenter, de peur de défavoriser encore plus les entreprises dans la concurrence. En revanche, si elles sont financées par le budget de l'État, il sera (relativement) plus facile de les gager par d'autres économies.

3. Lutter contre la dérive bureaucratique de notre système de protection sociale.

Il est clair que ces charges élevées proviennent d'un État-Providence qui fonctionne mal et qui, à vouloir trop protéger, étouffe tout. Jusqu'ici, notre système social se bornait à enregistrer les dépenses et à faire l'appel des cotisations correspondantes. Il nous a ainsi conduits à des coûts de plus en plus lourds, et bientôt sans doute à des soins rationnés dans une logique bureaucratique. Pour en sortir, il faudra lancer de multiples actions visant à clarifier la responsabilité de chacun, usager, médecin, personnel administratif, quant aux charges qu'il fait peser sur la collectivité (1).

Une fiscalité qui encourage l'emploi

C'est bien sûr le *niveau* de notre fiscalité qui pénalise l'emploi (2). Toutefois, sa *structure* le défavorise aussi. Songeons un instant qu'il existe toujours en France, cas unique en Europe, une « taxe sur les salaires », que doivent acquitter notamment certaines entreprises de services (34 milliards de rendement). Mais ce n'est pas l'essentiel : le vrai problème, c'est celui de la taxe professionnelle, perçue au profit des collectivités locales, et assise pour presque 40 % sur les salaires versés par les entreprises (120 milliards environ de rendement).

Encore une fois, cette bizarrerie ne se rencontre nulle part ailleurs en Europe, où les taxes payées par les entreprises aux collectivités locales sont en général assises sur le chiffre d'affaires, ou bien le bénéfice (en Allemagne).

(1) Pour davantage de détails, on pourra se reporter à ma lettre mensuelle consacrée à la santé (n° 6, septembre 1991), ainsi qu'aux actes des États Généraux de l'opposition réunis à Vitré sur ce sujet.

(2) Voir troisième partie.

La taxe professionnelle pénalise donc l'emploi, et en même temps nos ventes à l'étranger, puisqu'elle n'est pas récupérable par l'exportateur. On pourrait soutenir aussi, sous un certain angle, qu'elle favorise les importations, puisqu'un impôt équivalent n'est pas inclus dans le prix des produits étrangers. L'importateur, pour sa part, contribue assez peu à ce titre, s'il emploie un petit nombre de salariés avec de faibles investissements, comme c'est souvent le cas, selon une étude faite par Gérard Quéveau, P-DG d'Heuliez (1).

Il me paraît nécessaire, pour des raisons d'équité, de préservation de l'emploi en France et d'harmonisation européenne, de remplacer le plus tôt possible cette taxe professionnelle par une taxe assise sur le *chiffre d'affaires* (ou par l'affectation aux collectivités locales de points de TVA).

Des emplois de proximité

C'est vrai qu'au Japon, on voit des poinçonneurs dans le métro, des huissiers en surnombre dans les sièges sociaux, des grooms à toutes les portes. Et ce pays n'a que 2,2 % de chômeurs !

L'industrie japonaise est tellement productive, en règle générale, qu'elle peut se permettre de tolérer, grâce à un consensus social très fort, certaines poches de sous-productivité. En d'autres termes : ce pays est tellement riche qu'il peut, par une décision collective informelle et spontanée, se payer le luxe de rémunérer des emplois rapportant moins que ce qu'ils coûtent.

Le plus remarquable, c'est que ces emplois peu

(1) Gérard Quéveau, « Et pour des chômeurs de moins... »

productifs ne sont pas *hors* du marché, mais *dans* le marché. Ils ne relèvent pas de l'administration, beaucoup plus légère qu'en France. Ils ne dépendent pas non plus de subventions publiques. Ils sont financés par la libre décision des entreprises qui choisissent, par exemple, de placer un travailleur âgé sur un poste moins actif (alors qu'en France, on serait, hélas, trop souvent tenté de le mettre en pré-retraite, à la charge de la collectivité nationale).

La crise aidant, une prise de conscience s'effectue dans notre pays. Mais nous courons toujours le risque de voir le débat retomber dans les vieux nids-de-poule et les fausses pistes de l'économie d'administration, avec la tentation de céder à nouveau au « *discours palliatif* ». La grande leçon du Japon, c'est que les remèdes se trouvent *dans* le marché lui-même, là où trop souvent, chez nous, on les croit extérieurs au marché. Non seulement pour la création d'entreprises et d'emplois, mais aussi afin de trouver des solutions susceptibles d'amortir le choc de la crise pour les hommes.

Le premier axe de recherche, élégant parce qu'il s'insérerait parfaitement dans le système de marché, consisterait à traiter les *individus* comme des *entreprises* pour ce qui concerne la déduction des charges salariales. Le salaire de tout employé (et pas seulement s'il s'agit d'un emploi familial) serait déductible du *revenu imposable* de la personne physique, comme il est aujourd'hui compris dans les charges de la personne morale. Le ministère des Finances a fait le premier pas dans ce sens, en admettant les réductions d'impôts pour les emplois familiaux. Il ne reste plus maintenant qu'à pousser cette décision jusqu'à son terme logique.

Second axe de recherche, les *emplois cofinancés* : souvent un besoin n'est pas rempli parce qu'il n'est pas rentable pour le principal acteur économique concerné. Mais un rapprochement des préoccupations de plusieurs acteurs permettrait peut-être de le créer. J'ai cité le cas d'un coursier allant faire les achats des personnes âgées habitant trop loin des centres-bourgs et des commerces. J'ai proposé dans ce but un modèle de « contrat réemploi » entre les Assedic et un partenaire public ou privé (1).

Enfin, troisième axe : il faut également faire porter l'effort en direction des *services de proximité*, c'est-à-dire ceux qui sont proches des Français, moins par la localisation géographique peut-être, que par la compréhension de leurs préoccupations quotidiennes. Par exemple : des crèches parentales, des taxis collectifs en zone rurale, etc. Il règne à leur sujet une ambiguïté : encore une fois, on a trop tendance à penser spontanément qu'il s'agit d'emplois publics de seconde zone ; en réalité, ils doivent plutôt correspondre à un maillage nouveau, rétablissant des solidarités qu'une lecture trop étroitement productiviste de notre société avait négligées.

De tels services échappent par nature à l'administration, puisqu'ils servent précisément à combler les besoins qu'elle ne peut satisfaire en raison de sa rigidité, de son éloignement, peut-être aussi de son manque de disponibilité. Ce serait un véritable contresens que de vouloir faire appel à elle pour les remplir.

Le problème de ces services, c'est qu'ils se trouvent à la frontière du marchand et du non-

(1) Voir troisième partie : Le traitement social du chômage, p. 105.

marchand. Les bénéficiaires peuvent les financer en partie, mais en partie seulement. Or, sur le marché, tout ce qui ne trouve pas son financement intégral n'existe pas.

Pour combler l'écart, ne comptons pas trop sur les subventions publiques. L'ère à venir demandera de la retenue à l'administration aussi. Comptons surtout sur la *société civile*, c'est-à-dire sur nous-mêmes. Si le bénévolat, si la loi de l'entraide comblent l'écart, ils peuvent permettre à de vrais emplois de naître, dans un espace immense.

Renforcer les entreprises dans la compétition

Si nos entreprises sont fortes, elles résisteront mieux à la tourmente internationale. L'exemple de l'Allemagne est là pour le prouver.

Je voudrais à cet égard insister sur deux problèmes essentiels pour l'emploi. Le premier, c'est *la recherche*. On ne fera pas reculer le chômage en freinant peureusement le progrès technique, mais au contraire en lançant nos entreprises sur la voie de l'excellence, qui passe d'abord par l'excellence technologique. Il est donc heureux que le gouvernement, dans la dernière loi de finances, ait prolongé le système du crédit d'impôt recherche. Mais il est malheureux qu'il n'ait pas saisi l'occasion d'y apporter de plus grandes améliorations, et même qu'il en ait réduit l'attrait pour les PME, en ne prévoyant qu'un remboursement différé sur plusieurs années.

La recherche effectuée dans nos entreprises est encore trop faible (1,3 % du PIB contre 1,9 % chez nos concurrents), et les laboratoires publics souvent insuffisamment préoccupés par les problèmes industriels. Il faut absolument corriger ces deux défauts dans les années qui viennent, car l'accélération des changements technologiques dans le monde va obliger toutes les entreprises, les grandes, mais aussi les autres, à se tenir plus que jamais aux aguets.

Or, une autre spécificité de la recherche française, c'est son orientation privilégiée vers les « grands programmes », et donc les « grandes entreprises ». La concurrence à venir exigera donc aussi que l'effort de soutien soit mieux réparti en faveur des PME, comme l'avait d'ailleurs demandé, sans écho, l'intergroupe « recherche » du Xe Plan.

La seconde grande question d'avenir est celle des *fonds propres*.

L'ouverture des frontières aux mouvements financiers a rendu l'épargne rare, en raison de l'immensité des besoins mondiaux. Les entreprises qui n'ont pas pu accumuler de réserves, ou attirer de nouveaux capitaux des actionnaires, se présentent donc pour emprunter sur un marché financier très défavorable. Beaucoup risquent de ne pas y survivre. C'est malheureusement le cas de nombreuses entreprises françaises.

Pour y remédier, l'État devra :

— favoriser la constitution de réserves internes aux entreprises, en améliorant leur rentabilité par l'allégement des charges, notamment des cotisations sociales patronales ;

— favoriser la constitution de réserves dans toute l'économie, en donnant le coup d'envoi à de véritables retraites en capitalisation, complémentaires de la répartition ;

— enfin revaloriser les placements « risqués » en

actions, par rapport aux placements monétaires dormants.

La pépinière des PME

Le mécanisme des créations d'emplois repose pour l'essentiel sur les *petites* et *moyennes* entreprises, et plus encore sur les *jeunes* entreprises. C'est ce qu'ont montré, aux États-Unis, les célèbres travaux du docteur Birch, professeur au Massachusetts Institute of Technology. Selon cet expert, 80 % des nouveaux emplois sont créés dans des entreprises de moins de 100 salariés (qui emploient elles-mêmes 48 % des actifs américains). Il est vrai que cette population d'entreprises est très turbulente, et beaucoup d'entre elles disparaissent rapidement. Mais le solde reste largement positif.

En France, les PME-PMI ont été à l'origine de 1,3 million d'emplois nouveaux, de 1986 à 1990, quand les grandes entreprises en perdaient 206 000 (1).

Elles apparaissent à la fois comme des *pépinières d'emplois*, et des *fixatrices de populations* en zone rurale, contribuant ainsi de manière décisive à l'équilibre des activités sur notre territoire. Pour toutes ces raisons, la politique de l'emploi doit avoir pour objectifs de faciliter leur création, leur démarrage, et ensuite de leur simplifier la vie. Aux mesures déjà proposées dans ce sens — notamment pour le « déparasitage » de l'emploi — on pourrait ajouter les propositions suivantes :

— Aider les PME à passer le cap des premières années d'existence, qui sont les plus difficiles. La

(1) Voir annexe 12.

suppression du décalage d'un mois dans le remboursement de la TVA y contribuera beaucoup, en améliorant leur trésorerie. De même les déductions fiscales pour les apports en fonds propres doivent être améliorées (par exemple en instituant une déduction *immédiate* sur le revenu imposable).

— Réduire les facteurs de vulnérabilité tels que la longueur des délais de paiement. Plus le délai s'allonge, plus le risque d'impayé augmente. Et plus élevée sera la créance que le fournisseur devra produire en cas de dépôt de bilan du client. La durée du crédit inter-entreprises, beaucoup plus longue en France que chez nos voisins, représente donc une cause importante de faillites en chaînes de PME, lorsque la conjoncture devient mauvaise. Les professions devraient s'imposer des règles du jeu, dans leur propre intérêt, et demander à l'État de les faire respecter si elles ne le peuvent elles-mêmes.

— Faciliter les transmissions des PME. 10 % des disparitions d'entreprises sont liées à des successions manquées, souvent pour des raisons fiscales. Or, il ne faut pas perdre de vue cette idée simple : dans une économie libre où les créations d'entreprises doivent jaillir de la société civile, la vitalité du tissu de PME passe par la reconnaissance et la réhabilitation de la présence familiale dans le capital, garantie de l'implication personnelle des dirigeants. Il paraît donc nécessaire de faciliter les successions, par exemple en rapprochant le régime des transmissions gratuites (droits à 40 %, les plus élevés d'Europe), du régime des transmissions à titre onéreux (18 % de taxe sur les plus-values, et 1 à 5 % en droits d'enregistrement).

— Marier plans sociaux et « essaimage industriel ». D'ores et déjà, beaucoup de plans sociaux comprennent des aides aux personnes licenciées désireuses de créer une entreprise (par exemple, dans les banques, par l'octroi de prêts à taux privilégiés). Ce système pourrait être amélioré si l'entreprise profitait de cette occasion pour « externaliser » certains services, dont elle demanderait la fourniture à son ancien employé. En outre, le chômeur-fondateur devrait avoir le droit de demander aux Assedic le versement d'une indemnité forfaitaire, pour solde de tout compte, qui l'aiderait à démarrer dans sa nouvelle activité.

« Tu seras créateur d'entreprise, mon fils »

Au cours de la décennie écoulée, la révolution libérale a secoué les vieux pays d'Europe, et emporté les structures vermoulues des pays communistes. Dans beaucoup de pays, les jeunes se sont tournés très nombreux vers la création d'entreprise. Mais la France de « l'économie mixte » est restée à l'écart de ce mouvement, malgré quelques frémissements de la mentalité ambiante, et notamment d'une meilleure compréhension du phénomène de l'entreprise. En fait, nous sommes retombés, pour les créations, au niveau de 1980, avec, en même temps, une multiplication des faillites.

Désormais, il sera nécessaire d'ouvrir toutes grandes les portes de la liberté aux courants de l'histoire. Pourquoi, par exemple, ne pas imaginer, intégrée à l'instruction civique dans les écoles, une « instruction économique » valorisant la démarche créative ?

Le nombre de créations d'entreprises indique de

manière très sûre le degré de vitalité, d'optimisme, de foi en l'avenir qui règne dans un pays. Au-delà de toutes les propositions techniques énumérées dans cet ouvrage, et qui pourraient contribuer à redresser notre économie, il faut que les Français reprennent *confiance* en l'avenir. Les socialistes, qui ont épuisé toutes leurs recettes, qui se débattent dans d'effroyables scandales, et qui voient bien l'impasse complète où ils sont enfermés, ont fini par communiquer leur pessimisme, leur fatalisme, à tout le reste de la société.

Or le chômage d'aujourd'hui ne résulte pas d'une évolution nécessaire. Il résulte d'une politique d'abandon qui aura négocié une à une toutes les balises du parcours buissonnier depuis la dérision jusqu'au naufrage : passivité devant l'ouverture internationale qui s'effectue dans le plus grand désordre ; soumission devant les décisions de Bruxelles, impitoyables pour les membres de la Communauté, mais complaisantes pour les grands pays concurrents ; résignation devant les usurpations et grignotages quotidiens du tout-État chapardeur de nos libertés, quand toute une société finit par vivre hors d'elle-même, dans l'instant, traitée aux anabolisants médiatiques, dans un mélange d'euphorie et de torpeur.

J'ai essayé, dans ce livre, de proposer une autre politique. Elle s'inspire d'une *vision neuve de l'économie et de la société*, plus globale, et prenant mieux en compte tous les avantages et les coûts, même *non marchands*. Elle propose une vision libérale mieux ordonnée à sa finalité *humaine*. Car il faut renverser la perspective et remettre l'homme à sa place. A la première place.

ANNEXES

Radioscopie du chômage en France

Sommaire

1 – Le niveau de chômage réel le plus élevé des grands pays industrialisés.
2 – Une montée du chômage, sur les 20 dernières années, plus forte en France que dans la moyenne des pays de l'OCDE.
3 – Des catégories sociales inégalement frappées.
4 – Pourtant, une population active qui croît moins vite qu'ailleurs.
5 – Des créations d'emplois qui, depuis 10 ans, reposaient surtout sur les secteurs non marchands.
6 – Une économie qui perd aujourd'hui des emplois.
7 – Un nombre de jeunes au chômage proportionnellement beaucoup plus élevé qu'ailleurs.
8 – Un médiocre taux d'emploi des travailleurs les plus âgés.
9 – Un fort chômage étranger.
10 – Un taux d'activité des femmes supérieur à la moyenne de la Communauté.
11 – Un chômage moyen de très longue durée.
12 – Les PME-PMI, meilleurs gisements d'emplois.
13 – Un courant peu dynamique de créations d'entreprises.

14 – Une vigoureuse progression de la productivité du travail.
15 – Durée du travail : la France parmi les pays où on travaille le moins.
16 – Des réactions de l'emploi à la croissance plus faibles et plus lentes en France que chez nos partenaires.
17 – Des créations d'emplois qui réduisent moins le chômage qu'ailleurs.

1 – Le niveau de chômage réel le plus élevé des grands pays industrialisés

En octobre 1992, les cinq principaux pays industrialisés affichaient les taux de chômage suivants (en % de la population active corrigé des variations saisonnières) (1) :

France	**10,4**
Allemagne (Ouest)	4,7
Grande-Bretagne	10,9
Etats-Unis	7,3
Japon	2,2

En France, le pourcentage de 10,4 % (calculé selon la méthode du Bureau International du Travail) est très supérieur à la moyenne des grands pays de l'OCDE au même moment (7,5 %). Il correspond à un nombre de demandeurs d'emplois, selon la définition du ministère du Travail corrigée des variations saisonnières, de 2 934 900.

Mais en réalité, le chiffre est beaucoup plus

(1) Source : Office statistique des Communautés européennes.

élevé. En 1991, le ministère du Travail avouait l'existence de 1 654 000 chômeurs en « traitement social » (stagiaires, titulaires de contrats emploi-solidarité, préretraités, etc.). Ce chiffre pourrait approcher 1,8 million de personnes à la fin de 1992. En effet, dès novembre 1992, le ministère du Travail déclarait que les bénéficiaires de contrats emploi-solidarité étaient au nombre de 314 000, en progression de 80 000 par rapport à l'année précédente (1).

La France ne compte donc pas moins de 4,8 millions de chômeurs, officiels ou déguisés. Le taux de chômage réel dépasse dans ces conditions 17 %.

Et encore ce chiffre ne peut-il retenir ni les scolarités artificiellement prolongées, ni les demandeurs d'emploi potentiels qui ne formulent même plus de demande, car ils sont découragés par la situation du marché.

2 – Une montée du chômage, sur les 20 dernières années, plus forte en France que dans la moyenne des pays de l'OCDE

Alors que le taux de chômage français en 1973 (2,7 %) se situait dans la moyenne des grands pays industrialisés, sa dérive a été ensuite beaucoup plus forte, bien que la croissance de notre pays, sur la période, ait été comparable à celle de ses partenaires.

(1) *Le Monde*, 30 novembre 1992.

Taux de chômage
(en % de la population active)

	1973	1991
France	**2,7**	**9,8**
Allemagne (Ouest)	0,8	4,6
Royaume-Uni	3,0	8,7
Etats-Unis	4,8	6,7
Japon	1,3	2,2

Il n'est pas inutile de rappeler ici qu'en 1973 le niveau des prélèvements obligatoires français n'était pas très différent de celui des autres grands pays, et qu'il a lui aussi dérivé chez nous beaucoup plus qu'ailleurs.

Prélèvements obligatoires (1)
(en % du PIB)

	1973	1991	dont cotisations sociales
France	**35,0**	**43,9**	**19,3**
Allemagne	36,3	36,6	12,6
Royaume-Uni	31,3	36,2	6,4
Etats-Unis (1990)	28,7	29,9	8,8
Japon (1990)	22,5	31,3	9,2

La simultanéité de ces deux dérapages ne peut qu'inciter à la réflexion.

On notera que le Royaume-Uni, dont le taux de chômage se trouvait encore en 1991 bien en deçà du

(1) Source : OCDE, *Perspectives économiques de l'OCDE*, 1991.

taux officiel français (8,7 % contre 9,8 %), l'a rattrapé à grands pas, et se situe aujourd'hui légèrement au-dessus. Il faut toutefois se garder d'assimiler les deux situations :

— la crise britannique est beaucoup plus conjoncturelle que la nôtre. Il s'agit en partie d'un contrecoup des années d'optimisme excessif, qui a parfois conduit à l'oubli de disciplines de salaires ou d'endettement. Mais le marché du travail britannique est plus flexible que le nôtre ;

— les prélèvements obligatoires britanniques, plus faibles que les nôtres (de sept points !) montrent bien que chez notre voisin, il y a forcément moins de chômeurs déguisés dans les administrations ou le « traitement social ». Les chiffres du chômage anglais approchent donc sans doute la réalité de plus près que ceux annoncés par nos dirigeants.

3 – Des catégories sociales inégalement frappées

L'idée de « société duale », souvent utilisée, me paraît un peu sommaire pour décrire le mal français. Je distinguerai plutôt dans la population active 5 catégories : les protégés, les concurrentiels (stables ou temporaires), les accidentés, les marginalisés.

— les *protégés* (par un statut administratif) pèsent beaucoup plus lourd en France qu'ailleurs :

Secteur non marchand
(% des actifs occupés)

France	**25,3**
Allemagne	15,5
Royaume-Uni	19,6
Etats-Unis	14,4
Japon	6,1

Depuis 1973, c'est encore une fois en France que leur croissance a été la plus forte :

(en % des actifs occupés)

France	**+ 6 points**
Allemagne	+ 3
Royaume-Uni	0
Etats-Unis	− 2,6
Japon	0

Bien entendu, le privilège de stabilité d'emploi dont bénéficient les « protégés » pèse, par contrecoup, sur les autres catégories : quelles que soient les difficultés de l'économie, l'administration prélève des frais de fonctionnement en hausse régulière. Les entreprises doivent tenir compte de cette rigidité : les ajustements se font sur les autres postes. Par ce canal, les « protégés » font payer leur sécurité aux autres.

— les « *concurrentiels* »

Il s'agit des employés du secteur productif, dont le poids et l'évolution se lisent en creux dans les tableaux précédents.

(en % des actifs occupés)

France	**74,7**
Allemagne	84,5
Royaume-Uni	80,4
Etats-Unis	85,6
Japon	93,9

Ils sont donc proportionnellement moins nombreux en France qu'ailleurs, bien que sur leurs épaules repose tout l'édifice de la production et des charges. Pire encore, dans notre pays, cette catégorie régresse en pourcentage.

Les « concurrentiels » comprennent deux sous-ensembles : les stables, et les temporaires. Ce dernier groupe a enregistré ces dernières années une forte croissance qui, en période de plein-emploi, pourrait être interprétée de manière positive : il s'agirait de l'acquisition, par le marché du travail, d'une plus grande flexibilité. Mais en période de crise, l'explication apparaît moins rose : l'accroissement du nombre des temporaires tient plutôt à l'incertitude de l'avenir et à la nécessité de lisser très rapidement une dégradation économique redoutée. Par exemple, en 1991, les contrats à durée déterminée (CDD) ont représenté les deux tiers des embauches, alors que globalement, ils ne constituent que 3,7 % de l'ensemble des emplois salariés.

Parallèlement, la proportion de CDD finalement transformés en embauches fermes diminue :

— 26 % en 1988 et 89,
— 24 % en 1990,
— 20 % en 1991 (1).

(1) « Moins d'embauche en 1991 », INSEE Première n° 228, septembre 1992.

De cette manière, les « concurrentiels stables » se débarrassent sur les « concurrentiels précaires » d'une partie du poids de l'ajustement que fait peser sur eux le secteur protégé.

— les « *accidentés* » sont les personnes disponibles et à la recherche d'un travail, qu'elles aient perdu leur emploi ou n'aient jamais trouvé de travail après la sortie du système scolaire. Ce groupe comprend 2 053 000 personnes, auxquelles il faut ajouter les « *marginalisés* » (881 900 chômeurs de longue durée au 31 octobre 1992), pour trouver l'ensemble des demandeurs d'emploi (2 934 900).

4 – Pourtant, une population active qui croît moins vite que la population d'âge actif

Alors que dans tous les grands pays, la population active (personnes occupées + chômeurs) augmente aussi vite ou plus vite que la population d'âge actif (15-65 ans), en France, c'est l'inverse sur la longue période.

Période 1974/90 (en %)	Population active	Population d'âge actif
France	**+ 0,6**	**+ 0,8**
Allemagne	+ 0,6	+ 0,6
Royaume-Uni	+ 0,6	+ 0,4
Etats-Unis	+ 2,0	+ 1,2
Japon	+ 1,2	+ 0,8

Source : OCDE.

Autrement dit, la politique de réduction de la population active (abaissement de l'âge de la retraite, allongement de la durée de la scolarité), jointe aux sorties anticipées du marché du travail (préretraites, dispenses de recherche d'emploi...), n'ont pu qu'améliorer les chiffres du chômage.

Pendant toute la période, le taux d'activité des Français (rapport de la population active à la population en âge de travailler) a diminué, pour arriver aujourd'hui à 55 %, pourcentage qui se situe dans la moyenne de nos partenaires.

Cette diminution résulte de deux effets contraires : la baisse du taux d'activité masculin (du fait de la politique de retrait de la population active), compensée — mais partiellement seulement — par la hausse des taux d'activité féminins. Aujourd'hui, la résultante de tous ces facteurs semble se stabiliser.

Le principal moteur d'évolution de la population active est de nos jours la *démographie*. En 1980, elle a été responsable de l'arrivée de 225 000 personnes sur le marché du travail. Ce flux s'est réduit ensuite (autour de 140 à 150 000 personnes par an), mais paraît remonter aujourd'hui : 160 000 personnes en 1989, 170 000 en 1991.

Le problème du chômage en France vient donc moins de l'augmentation trop forte de la population active (sous réserve de l'accélération récente), que de la *faiblesse des créations d'emplois*.

5 – Des créations d'emplois qui, depuis 10 ans, reposaient surtout sur les secteurs non marchands

Les comptes nationaux de l'OCDE montrent que sur une période assez longue (1979-1990), la France a détruit des emplois marchands (c'est-à-dire ceux dont 50 % au moins des recettes proviennent d'un acte d'échange libre sur le marché), et n'a créé globalement des emplois que grâce à son secteur non marchand (administratif) (1).

Croissances comparées de l'emploi
(en milliers de personnes)

Période 1979/90	**France**	Allemagne	Royaume-Uni	Etats-Unis (2)	Japon
Emploi marchand	**– 543**	1 055	1 643	16 230	6 977
Emploi non marchand	**847**	810	302	1 718	482
Emploi total	**304**	1 865	1 945	17 948	7 459

La France présente donc une situation complètement atypique par rapport aux autres pays : elle n'a pas perdu d'emplois sur la période 1979-90, mais seulement grâce au développement des effectifs non marchands (passés de 4,7 millions en 1979 à 5,6 millions en 1990).

(1) Comptes nationaux de l'OCDE. 1978-90, vol. II, Paris, 1992.
(2) Pour les Etats-Unis, la série s'arrête en 1989.

En revanche, on relève que :

— l'emploi marchand se retrouve en fin de période inférieur à ce qu'il était au début ;

— la création totale d'emplois apparaît pratiquement stagnante, malgré l'apport de postes administratifs. L'Allemagne et le Royaume-Uni créent dans le même temps six fois plus d'emplois que la France, sans parler des Etats-Unis, dont le dynamisme paraît extraordinaire.

6 – Une économie qui perd aujourd'hui des emplois

La stabilisation de l'emploi total sur la décennie 1980 masque deux mouvements : d'abord, de 1980 à 1985, 82 000 emplois civils ont été en moyenne détruits chaque année, malgré les recrutements dans la fonction publique décidés par le gouvernement socialiste. En 1986, le marché de l'emploi salarié dans les entreprises a été à peu près stabilisé, puis est redevenu positif les quatre années suivantes : 1987 (+ 110 000), 1988 (+ 252 000), 1989 (+ 338 000), 1990 (161 000), effaçant ainsi les pertes de la période 1980-85. Même le secteur secondaire a participé à ces créations, et c'est particulièrement notable puisque, pendant les années précédentes, l'emploi industriel était orienté à la baisse.

Aujourd'hui, *nous replongeons dans la destruction d'emplois*. Le bilan définitif pour l'année 1991 fait apparaître *une perte de 96 800 postes de travail salarié* (hors administrations publiques et agriculture).

L'année 1992, au moment où ces lignes sont écrites (décembre), s'annonce également très noire. Le nombre de défaillances d'entreprises a augmenté de 11,5 % sur les neuf premiers mois de l'année. Les licenciements économiques atteignent un niveau historique (436 000 en dix mois, soit un rythme annuel de 530 000, en hausse de 11 %). Pourtant, le gouvernement annonçait fin novembre que 114 000 offres d'emplois, toutes catégories confondues, avaient été déposées en octobre, soit une légère hausse de + 0,2 % par rapport au même mois de l'année précédente.

Mais en réalité, parmi ces offres nouvelles :

— 49 % correspondaient à des contrats à durée déterminée, auxquels on sait que les administrations et entreprises publiques font particulièrement appel en période... préélectorale.

— 31 % provenaient de contrats emploi-solidarité, instrument de traitement social, dont il est fait actuellement un usage intensif. Le ministère du Travail ne s'en cache pas. Sa revue Partenaires écrit par exemple dans son numéro d'octobre : « Sur 51 000 chômeurs de longue durée que compte la capitale, 6 000 seront embauchés prochainement dans la fonction publique et dans des établissements et entreprises publics, dans le cadre d'emplois-solidarité. »

— restaient donc 20 % des offres nouvelles correspondant à de véritables emplois durables.

Ce poste, pris séparément, est en recul de 30 % par rapport au même mois de 1991, ce qui ressemble bien à un effondrement.

7 – Un nombre de jeunes au chômage proportionnellement beaucoup plus élevé qu'ailleurs

Le nombre des jeunes (15-24 ans) sans emploi apparaît bien plus fort en France que dans les autres grands pays industrialisés.

Jeunes chômeurs
(en % des 15-24 ans) (1)

	France	Allemagne	Royaume-Uni	Etats-Unis	Japon
1973	**4,0**	0,9	3,1	9,9	2,3
1990	**19,3**	4,5	8,1	10,7	4,3

Partant d'un niveau de 4 % en 1973, le chômage des jeunes n'était encore arrivé qu'à 7,4 % en 1980. C'est ensuite que la dérive s'est brutalement accélérée, pour atteindre 19,3 en 1990 (et 19,6 en octobre 1992). Les 15-24 ans représentent aujourd'hui 22,3 % des chômeurs.

Depuis 1973, la courbe française du chômage des jeunes n'a cessé de creuser l'écart avec les autres pays : par exemple, la différence avec l'Allemagne, pour les taux de chômage des 15-24 ans, n'était que de 3,1 points en 1973 : elle est de 14,8 points aujourd'hui. Avec les Etats-Unis, elle était de 5,9 points (à notre avantage) ; elle s'est élargie à 8,6 points (à notre désavantage).

Il y a quelques années, le chômage des jeunes est parvenu à des sommets (25,6 % en 1985). En

(1) *Cartes sur tables*, 1992. *Op. cit.*

réaction, le gouvernement a mis en place des actions spécifiques fort coûteuses (plans pour l'emploi des jeunes, contrats de qualification, contrats d'adaptation, contrats locaux d'orientation, contrats emploi-solidarité, « Exo-jeunes » (1) qui ont endigué le mal, et l'ont même fait reculer un peu en apparence, mais ne l'ont nullement guéri.

D'ailleurs, si l'on examine la répartition des jeunes au travail en 1989 (2), on constate que :

— 6,7 % étaient sous contrat d'apprentissage ;

— 78,1 % avaient un emploi normal ;

— 15,2 % bénéficiaient d'une mesure de « traitement social ».

Autrement dit 20 % des jeunes au chômage + 12 % en traitement social = 32 % plus ou moins marginalisés par rapport au marché de l'emploi.

Diagnostic

Ce phénomène frappe tous les pays industrialisés, mais la France avec une force particulière. Il provient de causes générales, qui trouvent dans notre pays un terrain très favorable pour déployer leur nocivité.

1. Causes générales :

— la crise économique, qui a rendu vulnérables en premier lieu les maillons les plus faibles de la chaîne de l'emploi (les jeunes, les plus âgés, les mal qualifiés...) ; aujourd'hui, cependant, le mal est en train de s'étendre au-delà (diplômés, cadres...) ;

(1) Voir liste complète dans « La politique de l'emploi », *Lettre Matignon*, 27 janvier 1992.

(2) *Tableaux de l'économie française*, INSEE 1991-92, p. 59.

— l'évolution technique, telle que les postes ouverts exigent toujours plus de qualification et d'expérience, jointe à des impératifs de productivité peut-être mal compris, qui font que les patrons veulent embaucher des salariés susceptibles d'atteindre rapidement le niveau d'efficacité maximum.

Pour ces deux raisons combinées, il semble que les débutants soient plus rarement demandés, et que les jeunes vivent, au sortir de l'école, une période de « transition professionnelle » beaucoup plus dure qu'autrefois.

2. Causes particulières :

— *l'inadéquation des qualifications de la demande à l'offre* existant sur le marché du travail. C'est le problème de notre système éducatif (voir troisième partie du livre) ;

— *une adaptabilité des jeunes à la vie professionnelle plus faible.* Il semble que les modes de vie, les comportements acquis dans le système éducatif, peut-être pour certains une scolarité inutilement longue rendent beaucoup de jeunes difficilement insérables sans gros efforts dans les contraintes de la vie professionnelle ;

— *enfin le coût de l'embauche d'un jeune, notamment non qualifié.* Il est souvent avancé que l'existence d'un SMIC indifférencié, mais aussi de charges sociales liées au salaire trop élevées, pénaliserait l'embauche des jeunes. Il est probable que ce diagnostic a été justifié dans le passé, mais il l'est beaucoup moins aujourd'hui. En effet, une des lignes directrices des différents plans pour l'emploi des jeunes, mis en place par le gouvernement socialiste, consiste précisément à réduire fortement le coût de leur travail pour l'employeur, soit en ouvrant des brèches dans le SMIC (exemple : contrats d'orientation payés à 30, 50 ou 65 % du SMIC selon les âges), soit, plus souvent, en allégeant le poids de leurs cotisations sociales.

On trouve notamment :

— *pour l'apprentissage,* l'exonération des cotisations de sécurité sociale (salariales et patronales) dans les entreprises de plus de 10 salariés, et même l'exonération totale de toutes les charges patronales et salariales pour les petites entreprises de 10 salariés ou moins ;

— *pour les contrats de qualification,* l'exonération à 100 % des cotisations patronales de sécurité sociale ;

— *pour les contrats locaux d'orientation,* l'exonération de toutes les cotisations légales et conventionnelles, excepté celles relatives à l'assurance-chômage ; pour les autres contrats d'orientation, l'exonération des cotisations patronales de sécurité sociale ;

— *pour les contrats emploi-solidarité,* l'exonération à 100 % de toutes les cotisations légales et conventionnelles, exceptées celles de l'assurance-chômage ;

— *pour l'* « *Exo-jeunes* », l'exonération à 100 % des cotisations *patronales* de sécurité sociale, Assedic et retraite complémentaire pendant 12 mois, puis exonération à 50 % pendant 6 mois, dans la limite de 12 % du SMIC horaire.

Cette impressionnante batterie d'exonérations sociales, auxquelles il faut ajouter parfois des exonérations fiscales, ou même des prises en charge directes d'une partie de la rémunération par l'Etat, réduit très fortement le coût de la première embauche pour des jeunes à problèmes ou sans qualification.

8 – Un médiocre taux d'emploi des travailleurs les plus âgés

En raison de l'avancement de l'âge de la retraite, de l'existence du système des préretraites, et aussi de l'établissement, dans le cadre des restructurations d'entreprises, de « plans sociaux » qui malheureusement privilégient souvent le départ des salariés les plus âgés, le taux d'emploi des travailleurs d'âge supérieur à 55 ans est beaucoup plus faible en France qu'ailleurs. Alors que dans la décennie 70-80, il se situait, pour les hommes, entre 67 et 71 %, non loin de la moyenne des pays comparables, c'est encore une fois dans la décennie 80-90 qu'il a brutalement décroché, pour tomber à 43 % aujourd'hui.

Taux d'emploi des hommes de 56 à 64 ans (1)

	France	Allemagne	Royaume-Uni	Etats-Unis	Japon
1973	**70,7**	72,2	83,0	75,1	85,2
1988	**43,7**	54,5	60,5	64,0	76,6

En mars 1991, l'INSEE avait mené une étude portant sur l'ensemble des personnes (hommes et femmes, cette fois) de 55 à 59 ans. Cette classe d'âge se répartissait alors ainsi :

(1) *Cartes sur tables*, 1992, *op. cit.*

Titulaires d'un emploi	1 530 700
Non-actifs	850 000
Préretraités	166 200
Chômeurs dispensés de recherche d'emploi	233 425
Autres chômeurs	127 100
	2 907 425

Ces chiffres montrent qu'en mars 1991, 35 % des actifs de 55/59 ans étaient chômeurs ou « en traitement social », pourcentage avoisinant celui des jeunes de moins de 25 ans dans la même situation (voir annexe 7). C'est le second maillon faible de la chaîne de l'emploi, qui craque sous les coups de la conjoncture.

La situation s'est aggravée depuis, puisque le nombre des préretraites a augmenté de 22 % en 1991, atteignant 175 300 personnes en fin d'année (1).

Le gouvernement se trouve dans cette affaire empêtré dans ses contradictions : d'une part, c'est lui qui, au départ, avait encouragé les préretraites afin de dégonfler les chiffres du chômage ; mais d'autre part, maintenant, le système marche trop bien, et il s'avère très coûteux pour la collectivité, tant sur le plan humain (mise à l'écart des travailleurs les plus expérimentés) que sur le plan financier (un préretraité coûte 260 000 F par an).

Le système apparaît d'autant plus diabolique que maintenant les entreprises y prennent goût, et même les salariés, dont beaucoup finissent par considérer comme un droit d'être mis en préretraite

(1) « Les préretraites reviennent en force », *La Tribune Desfossés*, 19 août 1992.

à 55 ans : en quelque sorte un nouvel abaissement de l'âge de la retraite, déguisé, qui ne voudrait pas dire son nom. Cette évolution tombe très mal : compte tenu des difficultés colossales que l'on peut prévoir pour les régimes de retraite, il est moins que jamais à l'ordre du jour d'en abaisser encore l'âge, même de manière détournée, ce qui reviendrait, dans tous les cas de figure, à faire peser la charge finale des régimes de répartition sur des actifs de moins en moins nombreux (1).

Pris dans cet engrenage infernal, le gouvernement se débat comme il peut. Il a récemment déclaré qu'il ne donnerait désormais son aval aux conventions entreprises-FNE (Fonds National de l'Emploi, qui finance les préretraites), qu'en fonction de la qualité des plans sociaux qui les accompagneront, et de la retenue qu'ils montreront dans le licenciement des salariés de plus de 50 ans.

Dans le même sens, par l'accord UNEDIC du 17 juillet 1992, les partenaires sociaux ont décidé de pénaliser davantage l'employeur qui se sépare d'un salarié de plus de 55 ans : auparavant, il devait verser 3 mois de salaires bruts à l'Unedic ; désormais, la barre est abaissée à 50 ans, et la pénalité augmentera progressivement de 1 à 6 mois de salaires selon l'âge de la personne licenciée.

(1) Les Allemands ont même voté récemment le principe d'un recul de l'âge de la retraite de 63 à 65 ans. Toutefois ils en ont provisoirement différé l'application car la réunification a entraîné un gonflement des chiffres du chômage (du fait de la partie Est), ce qui semblait rendre contre-indiqué, pour le moment, d'allonger la durée d'activité.

9 – Un fort chômage étranger

A partir des publications officielles (1), et en prenant les chiffres 1990 qui sont tous disponibles en détail, on peut faire *quatre constats* :

Année	Total des demandeurs d'emploi	dont étrangers	dont Français
1989	2 585 768	323 954	2 261 814
1990	2 611 552	335 059	2 276 493
Accroissement en %	+ 1 %	+ 3,4 %	+ 0,6 %

Au 31 décembre 1990, le nombre des demandeurs d'emploi étrangers s'élevait à 335 059 personnes sur un total de 2 611 552 chômeurs déclarés en France.

Ce chiffre représentait 12,8 % des demandeurs d'emploi (alors que les étrangers représentaient à la même date, selon les chiffres officiels, 6,3 % de la population totale et 6,5 % de la population active).

Quel est son niveau exact ? Pour le savoir, il faut comparer le nombre des demandeurs d'emploi à la population active correspondante. Pour 1990, on trouve :

Taux de chômage des résidents	10,4 %
Taux de chômage des Français	9,6 %
Taux de chômage des étrangers	20,6 %

(1) Notamment :
Economie et statistiques, INSEE, avril 1991.
A. Lebon, *Immigration et présence étrangère en France 1990-91 — Les données. Les faits*, La Documentation française, janvier 1992.
Voir aussi l'article de synthèse du *Monde*, 22 novembre 1992.

Donc, premier constat : le taux de chômage des étrangers (20,6 %) est plus du double de celui des Français (9,6 %).

Si l'on reprend le premier tableau, on constate également qu'en 1990, le chômage des étrangers en France a augmenté de 3,4 %, et celui des Français de 0,6 % seulement. Sur le long terme, la tendance est parfaitement confirmée : en 1975, le taux de chômage des Français et celui des étrangers différaient peu (3,75 % contre 4,60 %), c'est-à-dire 0,85 point d'écart; en 1990, l'écart était passé à 11 points (9,6 contre 20,6).

Cette tendance est corroborée d'une autre manière par une récente étude de l'Institut Adia de gestion économique et sociale : la part des immigrés dans les effectifs des entreprises françaises a nettement décliné, puisqu'elle est passée de 5,6 % en 1979 à 3,7 % en 1989 (1).

Donc, deuxième constat : actuellement le nombre des chômeurs étrangers augmente 5 à 6 fois plus vite que celui des chômeurs français.

	Total des chômeurs étrangers	dont CEE	%	dont hors CEE	%
1986	308 571	74 857	24	233 714	76
1990	335 059	62 085	18	272 974	82

En cinq ans, la composition de la population étrangère au chômage s'est nettement modifiée : le nombre des chômeurs hors CEE (en fait surtout Africains) augmente, celui des chômeurs CEE diminue.

(1) « Moins d'immigrés dans les entreprises », *Sciences et Vie économique*, n° 78, décembre 1991.

Donc, troisième constat : en 5 ans, le nombre des chômeurs CEE a été réduit de 17 %, tandis que celui des chômeurs hors CEE a augmenté de 17 % également.

Les chômeurs hors CEE représentent aujourd'hui 82 % des chômeurs étrangers.

Enfin, reprenons le premier constat (le taux de chômage des étrangers est de 20,6 %, contre 9,6 % pour les Français), et ventilons-le selon les nationalités d'origine des étrangers.

On trouve les résultats suivants :

Taux de chômage général des étrangers	20,6 %
Maghrébins	30,0 %
Africains noirs	60,0 %
Portugais	8,3 %

Ces chiffres sont peu connus : il ne s'agit pourtant, tout simplement, que du rapport des demandeurs d'emploi par nationalité (ANPE) et de la population active correspondante (INSEE).

Donc, quatrième constat : parmi les étrangers, certains ont un taux de chômage encore plus faible que celui des Français (Portugais 8,3 %), mais les Africains atteignent des sommets (60 % pour les ressortissants des pays d'Afrique noire).

***

Conclusion. Il est clair que le changement de composition de la population immigrée en France (45 % hors CEE en 1975, 64 % aujourd'hui (1)) a rendu celle-ci beaucoup plus sensible au chômage, ce qui explique l'envolée des taux de chômage des étrangers ces dernières années.

(1) Selon les chiffres officiels. En réalité, le pourcentage d'étrangers hors CEE en France est beaucoup plus fort (de 70 à 80 %), car les clandestins sont bien entendu tous hors CEE.

10 – Un taux d'activité des femmes supérieur à la moyenne de la Communauté

Le taux d'activité féminin atteint en France 46 %, alors que la moyenne de la CEE est de 42 %. L'Allemagne se situe exactement à la moyenne. Devant nous se trouvent 3 pays : le Danemark (59,9), le Royaume-Uni (51,4) et le Portugal (46,5). Dans le tableau suivant, la première colonne présente ces taux d'activité.

Mais ces chiffres deviennent encore plus intéressants, lorsqu'on les éclaire (2e colonne) par ceux des pourcentages de femmes travaillant à temps partiel par rapport à toutes les femmes travaillant.

Travail des femmes dans la CEE

	Taux d'activité (%) (1)	*dont* temps partiel (2)
Danemark	59,9	44
Royaume-Uni	51,4	45
Portugal	46,5	ND
France	**46,0**	**22**
Allemagne	42,1	30
Pays-Bas	41,7	52
Belgique	35,7	21
Grèce	35,1	10
Italie	34,6	10
Luxembourg	34,1	16
Irlande	33,7	16
Espagne	31,4	ND

(1) *Tableaux de l'économie française*, INSEE, 1991-92.

(2) Marie-Thérèse Bianchi, Aspects de la condition féminine en France en 1992, Parti Républicain, « Débats et projets », 1992. Cette colonne présente des chiffres de 1985.

Il apparaît que les pays qui affichent des taux d'activité féminin élevés (c'est-à-dire ceux se situant dans le haut du tableau), sont aussi ceux où le travail à temps partiel est le plus répandu. La France est la seule à faire exception : son taux d'activité féminin est fort, et pourtant le travail à temps partiel y est faible.

Si l'on combine les chiffres ci-dessus pour trouver le pourcentage de femmes travaillant à temps plein, cette fois la France prend nettement la tête de la CEE avec 36 %, le Danemark rétrograde à 33,5 et le Royaume-Uni à 28. L'Allemagne, quant à elle, tombe à 29 %.

Ces différences de comportement à l'égard du temps partiel proviennent de diverses causes, mais notamment de la réglementation sociale.

En Grande-Bretagne, par exemple, les employeurs ne paient pas de cotisation patronale à la Sécurité sociale si l'employé gagne une somme inférieure à un montant fixé chaque année. En général, il faut travailler entre 14 et 15 heures pour dépasser ce minimum (1).

La féminisation de l'emploi constitue en France un des traits majeurs du marché du travail de ces vingt dernières années, mais elle semble se stabiliser aujourd'hui, peut-être sous l'effet de la crise qui décourage les candidates potentielles. D'ailleurs, les femmes représentent aujourd'hui la majorité des demandeurs d'emploi (51,3 % en août 92).

Le secteur professionnel où les femmes sont les plus nombreuses est celui des services non marchands (54,8 % de l'effectif concerné).

(1) *Ibid.*, p. 10.

11 – Un chômage moyen de très longue durée

Concernant la durée du chômage, la France se trouve une fois de plus en mauvaise position :

Pourcentage des chômeurs de 12 mois et plus

	Dans le chômage total	Dans la population active
France (1991)	**37,3**	**3,6**
Allemagne (1990)	46,3	2,2
Royaume-Uni (1990)	36,0	2,5
Etats-Unis (1991)	6,3	0,3
Japon (1991)	17,9	0,4

Ce tableau appelle deux remarques :

— l'Allemagne paraît en tête pour la part des chômeurs de longue durée dans le chômage total, mais c'est un effet d'optique dû à la faiblesse du chômage total dans ce pays. Si l'on rapporte le chômage de longue durée à la population active, on voit qu'en réalité, il pèse relativement moins lourd en Allemagne ;

— on relève le poids très faible du chômage de longue durée aux Etats-Unis : certains l'attribuent à la faible durée d'indemnisation du chômage (6 mois), d'autres au dynamisme naturel de ce pays, tel qu'on y reste rarement sans emploi très longtemps. En tout cas, les chômeurs « tournent » vite. Ce constat relativise un peu la remontée récente du taux de chômage total aux Etats-Unis.

Les chômeurs de longue durée représentaient en France 360 000 personnes en 1980, mais environ 900 000 au début de l'année 1992, dont 500 000 étaient demandeurs d'emploi depuis une durée comprise entre un et deux ans, et 200 000 depuis plus de trois ans.

La durée moyenne du chômage avait elle aussi été affectée d'une grave dérive sur la même période :

1980	240 jours
1991	357 jours

Selon les études de l'ANPE, les chômeurs de longue durée se répartissent environ en trois parties égales :

— ceux qui possèdent une qualification, et pourraient retrouver un emploi ;

— ceux qui rencontrent un problème de qualification, et devraient être « requalifiés » ;

— ceux qui doivent d'abord être psychologiquement réinsérés, et bénéficier d'une action de « remise en situation d'activité ».

L'augmentation du nombre des chômeurs de longue durée est logiquement liée au fonctionnement du marché du travail en période de crise. Il se crée un phénomène de « file d'attente », d'autant plus longue que les chômeurs sont nombreux. Les plus faciles à embaucher sortent les premiers de la file d'attente, mais ils sont aussitôt remplacés par d'autres qui, dans la mesure où les employeurs ont le choix, ressortent eux aussi les premiers. Il se constitue donc un stock résiduel, dont les membres sont constamment concurrencés par plus facile à employer qu'eux (1).

La situation d'échec des chômeurs de longue durée apparaît d'autant plus regrettable qu'avec l'approfondissement de la crise, la population concernée se diversifie, et un nombre grandissant de jeunes s'y trouve impliqué : dans les années 70, les moins de 25 ans représentaient 9 % des chômeurs de longue durée ; ils en représentent aujourd'hui plus du quart ; les 25/50 ans représentaient 36 % ; ils sont aujourd'hui parvenus à 50 %. Cette situation est dramatique du point de vue humain. Elle est aussi coûteuse pour la collectivité : plus de 100 milliards annuels, en coûts directs et indirects (2).

Pour aider les chômeurs de longue durée, les pouvoirs publics s'appuient sur une panoplie d'actions, qui comprend des propositions :

— *d'emploi*, avec notamment le « Contrat de Retour à l'Emploi » qui comporte des exonérations de cotisations sociales, aux termes d'une convention entre l'employeur et l'ANPE ;

— *de formation*, avec les « Actions d'Insertion et de Formation » (AIF) de l'ANPE ;

— *d'insertion*, par les contrats emploi-solidarité classique, ou/et avec l'aide d'associations intermédiaires. Ces associations bénévoles (mais souvent subventionnées), telles que Partage (Secours Catholique), Solidarité jeunes travailleurs, La Source, AIRE (Association d'innovations pour la recherche d'emploi) accomplissent un travail effi-

(1) « Les chômeurs de longue durée », *Alternative économique*, mars 1991.
(2) « Le coût du chômage de longue durée », *Le Figaro*, 20 novembre 1992.

cace, et souvent même admirable, par leur capacité de relations personnelles et de mise en confiance, pour remettre les personnes marginalisées sur la voie de la vie professionnelle.

En avril 1992, le Premier ministre Pierre Bérégovoy avait lancé le pari hasardeux « qu'il n'y ait plus de chômeurs longue durée au 1er novembre prochain ». En fait, les services de l'emploi ayant été mobilisés à tous les niveaux, plus d'un million d'entretiens individualisés ont été tenus, ce qui est déjà beaucoup. Ils ont abouti à réduire le nombre des chômeurs de longue durée de 900 000 à 881 900 (octobre 1992), ce qui peut paraître peu, mais représente en réalité un vaste effort si l'on se souvient que, dans l'intervalle, 770 000 demandeurs d'emploi sont entrés dans leur 13e mois de chômage, et sont donc venus remplir le tonneau des Danaïdes.

En même temps, la durée moyenne du chômage a été réduite à 348 jours (357 un an auparavant).

Sur le million de personnes rencontrées, 260 000 se sont présentées dans une situation de détresse individuelle et familiale telle qu'aucune solution — même du « traitement social » le plus artificiel, et même avec la plus grande bonne volonté — n'a pu être trouvée pour elles dans l'immédiat. Cela donne la mesure du problème.

12 – Les PME-PMI, meilleurs gisements d'emplois

Entre 1986 et 1990, les PME-PMI ont créé 1,3 million d'emplois, quand les grandes entreprises en perdaient 206 000. Dans le même sens, le CEPME a récemment calculé que 70 % des emplois sont générés par des PME créées depuis moins de 10 ans (alors qu'elles ne représentent pourtant que 15 % des salariés) (1).

Plus l'entreprise est jeune, plus elle crée d'emplois : d'après le panel Viennet (INSEE), les entreprises nées en 1990 ont engendré 500 000 emplois (2).

Toutefois, il faut ajouter que les entreprises nouvelles enregistrent un taux d'échec de près de 50 % dans les cinq années suivantes, ce qui détruit assez vite une partie des emplois créés.

Aujourd'hui (fin 1992), un rapport similaire semble s'établir, non plus dans les créations, mais, malheureusement, dans les destructions d'emplois. Depuis la rentrée de septembre, pas de semaine où ne soit annoncé un plan social de très grande entreprise. Les chiffres de l'INSEE sur 1991 confirment cette impression (2) : si les effectifs ont baissé en moyenne de 1,2 % dans les établissements de plus de 50 salariés, la déperdition est d'autant plus forte que l'on s'élève sur l'échelle de la taille des établissements :

0,1 %	de 50 à 200 salariés,
1,8 %	de 200 à 500 salariés,
2,3 %	au-dessus de 500 salariés.

Ce phénomène n'est pas propre à la France : les grands groupes se sclérosent plus facilement, et en période de crise, il leur est sans doute nécessaire de débaucher proportionnellement plus que les PME.

En revanche, les petites entreprises, de par leur

(1) Objectif PME n° 1, novembre 1992, p. 6.

(2) « Moins d'embauche en 1991 » INSEE Première, n° 228, septembre 1992.

flexibilité, jouent plutôt un rôle d'amortisseur. Les patrons de ces entreprises et les travailleurs indépendants modifient leurs horaires de travail, et acceptent un manque à gagner quand les affaires vont mal, plutôt que d'abandonner. « Cette flexibilité... contribue à maintenir les effectifs au travail au-dessus de ce qu'ils seraient autrement, toutes choses égales d'ailleurs (1). »

Toutefois l'enquête de l'INSEE ne donne pas les chiffres correspondant aux petites entreprises (moins de 50 salariés), et il est difficile d'extrapoler. On ne peut pas exclure que la courbe se retourne à ce niveau, compte tenu de leur fragilité, notamment en fonds propres. Deux indices inquiétants à cet égard :

— en septembre 1992, les indicateurs du CEPME s'affichent au plus bas : − 12 dans l'industrie, − 8 dans le commerce, − 9 dans le BTP, − 7 dans le tourisme. Seuls les services sont positifs, mais faiblement (+ 4) ;

— surtout, les mésaventures qui sont arrivées aux statisticiens sur les chiffres 1991 montrent que les petites entreprises sont aujourd'hui beaucoup plus durement touchées qu'on ne le croyait. En effet, au début de 1992, l'INSEE annonçait encore une création de 30 à 60 000 emplois en 1991. Mais cette affirmation reposait, en ce qui concerne les établissements de moins de 10 salariés, sur des hypothèses qui, au dépouillement final, ne se sont pas vérifiées : en fin de compte il a fallu admettre une *perte* de 96 800 emplois sur 1991.

(1) « Physionomie de l'emploi indépendant en Europe », *Revue Internationale du Travail*, BIT, Genève, 1 1991.

13 – Un courant peu dynamique de créations d'entreprises

Le rythme des créations d'entreprises en France se situe au dernier rang des grands pays industrialisés. Sur la période 1970-90, les taux annuels d'accroissement du parc d'entreprises employant au moins 1 salarié sont les suivants (1) :

Etats-Unis	+ 7,7 %
Grande-Bretagne	+ 3,2 %
Japon	+ 2,3 %
RFA	+ 0,8 %
France	+ 0,6 %

Le rythme des créations nouvelles, de 175 000 environ par an en 1980, a diminué dans la première phase de la décennie socialiste (150 000 en 1983), pour se redresser ensuite et frôler les 200 000 en 88-89. Mais en 1991, il est retombé au niveau de 1980.

Ces chiffres sont d'autant plus consternants pour l'emploi que, comme on vient de le voir (2), 70 % des emplois sont générés par des PME créées moins de 10 ans.

14 – Une vigoureuse progression de la productivité du travail

Sur la période 1979-1990, la croissance du PIB français a été un peu plus lente que celle de la

(1) *Comment l'État crée le chômage*, IFRAP, *op. cit.*
(2) Voir annexe 12.

moyenne des pays du G7, mais pas beaucoup (2,1 % par an contre 2,7). En revanche, la croissance de l'emploi, elle, a été beaucoup plus lente (+ 0,2 % par an contre 1,1). L'écart mesure la productivité du travail, pour laquelle nous faisons mieux que la moyenne (+ 2 % par an contre 1,6), et arrivons seconds derrière le Japon, qui se situe pour sa part très nettement au-dessus (1).

Si l'on prend une base 100 en 1970, les gains de productivité des grands pays, en 1989, se chiffrent comme suit (2) :

Etats-Unis	124
Royaume-Uni	153
Allemagne	167
France	**180**
Japon	200

On peut être frappé par la faiblesse apparente des gains enregistrés par les Etats-Unis pendant ces vingt ans, mais les spécialistes l'expliquent par un « effet de rattrapage » : ce pays avait pris avant la dernière guerre une très grosse avance, que ses partenaires rattrapent à présent. Malgré tout, les Etats-Unis restent aujourd'hui en tête des grands pays pour la productivité du travail mesurée en valeur absolue :

(1) OCDE, Perspectives économiques, statistiques rétrospectives 1960-1990, Paris 1992. Voir aussi Claude Vimont « L'économie française souffre-t-elle d'un excès de productivité ? », *Chroniques de la SEDEIS*, n° 9, 15 septembre 1992.

(2) Rapport d'information de l'Assemblée nationale sur les perspectives de l'emploi et du chômage à moyen terme en France, n° 1598, 2 octobre 1990, p. 54.

PNB par personne employée (à temps plein)	En milliers de $ 1990	
Etats-Unis	49,6	100
France	**47,0**	**95**
Allemagne (Ouest)	44,2	89
Japon	38,2	77
Royaume-Uni	37,1	75

Ces tableaux montrent aussi que le Japon, bien qu'il rattrape très vite tous les autres, se trouve encore derrière eux en valeurs absolues globales. La France présente la particularité d'avoir à la fois : 1) un niveau de productivité par tête employée élevé ; 2) un taux de croissance de cette productivité qui reste fort, même dans la période récente où les taux correspondants ont généralement été plus faibles dans le monde.

Croissance de la productivité moyenne sur la période 1985-1989 (1)
(en %)

Japon	+ 3,4
France	**+ 2,9**
Royaume-Uni	+ 2,2
RFA	+ 2,1
Etats-Unis	+ 1,2

Que signifient ces chiffres ?

La productivité résultant d'un rapport (la production par personne employée), et la production

(1) *Ibid.*, p. 75.

elle-même variant aussi en fonction du capital utilisé, on peut identifier plusieurs séries de causes d'évolution possibles, et notamment :

— la plus ou moins grande « intensité capitalistique », c'est-à-dire la quantité de capital investie par unité produite ;

— le progrès technique incorporé au capital, qui est lié à l'intensité capitalistique par le biais du rajeunissement du capital ;

— l'existence « d'investissements de productivité », qui aboutissent à des embauches réduites, ou des licenciements, à la différence des investissements de capacité ;

— des réorganisations limitant l'appel au travail ;

— une plus grande intensité du travail, par exemple si sa durée par salarié s'allonge (ce qui n'est pas vraiment le cas), ou si la formation de la main-d'œuvre s'améliore ;

— le développement plus ou moins rapide des différentes branches, dont les taux de productivité sont inégaux. La croissance accélérée d'une branche à forte productivité fait monter la moyenne, même si cette branche pèse peu en valeur absolue. En sens inverse, la faible progression du taux de productivité des Etats-Unis, ces dernières années, peut aussi s'expliquer par l'explosion du secteur des services, avec notamment les « petits boulots » dont la productivité reste très faible.

Le cas français, malheureusement, n'apparaît pas d'une composition très favorable :

1. *De 1973 à 1990, le courant d'investissements productifs a été plus faible en France que dans les autres pays.*

Croissance des investissements productifs du secteur concurrentiel

	France	Allemagne	Royaume-Uni	Etats-Unis	Japon
1973	**100**	100	100	100	100
1991	**142**	176	197	159	275

La courbe française des investissements productifs prend du retard jusqu'en 1984, puis décolle — mais pas assez pour rattraper les pays concurrents — et de toute façon replonge à partir de 1991. Il semble que les réalisations d'investissements industriels en 1992 soient très noires (– 11 %, après – 8 % en 1991) (1).

2. *En outre, les investissements ont changé de nature.*

Jean-Pierre Lagrange a fort bien montré, dans *Le chômage, phénomène incompris* (2) que nous vivons une période où dominent les « investissements de productivité » — qui économisent des emplois par l'incorporation au capital d'innovations technologiques — et non les « investissements de capacité », qui font franchir un seuil quantitatif à la production, peuvent plus facilement occasionner des embauches, mais nécessitent des anticipations très favorables sur l'avenir.

(1) Enquête INSEE, octobre 1992.
(2) Jean-Pierre Lagrange, *Le chômage, phénomène incompris, op. cit.*

« Si, pendant la période 1945-75, l'emploi s'est développé malgré les progrès considérables de la productivité, c'est parce que la création d'emplois par les investissements de capacité a plus que compensé ceux détruits par les investissements de productivité », écrit Jean-Pierre Lagrange. Aujourd'hui, nous sommes passés dans un cycle inverse.

3. *La qualification des travailleurs ne semble pas avoir fait de bond en avant pendant la période.*

L'objectif des « 80 % de bacheliers » ne peut en effet tenir lieu de démonstration. En réalité, sur le terrain, la situation de la formation professionnelle des jeunes est loin de s'améliorer (voir annexe 7, et troisième partie du livre).

4. *L'explication vient plus probablement de la réduction relative du dénominateur (le nombre de personnes employées).*

La dérive de la courbe du chômage en France, par rapport aux autres grands pays industrialisés (annexe 2) explique mieux la forte productivité, et fournit la pièce qui manque au puzzle : les chefs d'entreprise préfèrent licencier pour augmenter l'utilisation de leur capital, plutôt que de prendre le risque de l'investissement de capacité dans une conjoncture sombre, et face à une concurrence internationale agressive.

Cette règle se vérifie aussi bien dans l'industrie que dans les services, où la France fait moins bien que ses partenaires en matière d'emploi :

Evolution de la valeur ajoutée, de l'emploi et de la productivité dans les pays du G7 (1) *(1979/90)*

Industrie	Valeur ajoutée	Productivité	Emploi
Japon	+ 4,9	+ 3,9	+ 1,0
Allemagne	+ 0,9	+ 1,3	− 0,3
France	**+ 0,9**	**+ 2,5**	**− 1,6**
Ensemble G7	+ 2,3	+ 2,5	− 0,2
Services			
Japon	+ 3,8	+ 1,7	+ 2,0
Allemagne	+ 2,7	+ 1,1	+ 1,7
France	**+ 3,0**	**+ 1,4**	**+ 1,6**
Ensemble du G7	+ 3,0	+ 0,9	+ 2,2

Ces tableaux montrent clairement que, sur la dernière décennie, la France a acheté sa hausse de productivité, plus forte que la moyenne, au prix de pertes d'emplois plus élevées dans l'industrie, et de créations moindres dans les services.

15 – Durée du travail : la France parmi les pays où on travaille le moins

Depuis 1960, les courbes de durée du travail des grands pays ont toutes suivi la même tendance à la réduction globale :

(1) Source OCDE, 1992.

Durée annuelle du travail en heures (1)

	1960	1990
Japon	2 450	2 100
Etats-Unis	1 960	1 800
Allemagne	2 150	1 650
France	**2 060**	**1 640**
Suède	1 800	1 500

On voit donc se dessiner nettement un « peloton » où figurent les Etats-Unis, l'Allemagne et la France, mais aussi le Royaume-Uni, l'Italie et le Canada, autour de 1 700 heures de travail annuelles. Et devant, « un échappé », le Japon (2 100 heures).

La période 1960-90 comprend plusieurs phases :

Evolution de la durée du travail (2)
(en %)

	1960-1973	1973-1985	1985-1989
France	**− 0,6**	**− 1,0**	**+ 0,2**
Allemagne	− 1,1	− 0,9	− 0,4
Royaume-Uni	− 0,6	− 0,5	+ 0,6
Etats-Unis	0	− 0,1	+ 0,2
Japon	− 1,3	+ 0,1	+ 0,1

Le rythme des réductions, assez élevé sur la période 1960-80, s'est ralenti ensuite. Même, au cours des années récentes, il semble que l'on puisse

(1) « Une comparaison internationale des temps de travail », *Futuribles*, mai-juin 1992.

(2) Rapport d'information de l'Assemblée nationale n° 1598, 2 octobre 1990, p. 64.

constater une légère remontée. Petite exception : la France de 1982 a décroché (semaine de 39 heures, cinquième semaine de congés payés), ce qui lui donne un chiffre plus élevé que les autres pour la période 1973-85. Mais elle est ensuite rentrée dans le rang.

Le lien entre la durée du travail et l'emploi en France peut être étudié à l'aide du tableau suivant :

Evolution en moyenne (%)	Croissance du PIB	Créations d'emplois	Productivité par tête	Durée du travail	Productivité horaire
1973-1982	**+2,4**	**+0,2**	**+2,2**	**−1,3**	**+3,8**
1982-1986	+1,6	−0,35	+2,0	−0,5	+2,1
1986-1991	+2,9	+0,6	+2,1	+0,05	+2,6
1982-1991	**+2,3**	**+0,2**	**+2,05**	**−0,2**	**+2,5**

On en tire deux conclusions :

— il n'apparaît pas de lien très sûr entre durée du travail et créations d'emplois ;

— en revanche, la réduction de la durée du travail semble un peu mieux liée à la productivité : dans la période 1973-82, où la réduction a été la plus forte, la hausse de productivité a aussi été la plus vive. Par ce biais, on retrouve aussi un lien avec le chômage.

16 – Des réactions de l'emploi à la croissance plus faibles et plus lentes en France que chez ses partenaires

La croissance, en France, produit moins d'emplois qu'ailleurs, et elle les produit plus lentement. Par exemple, en 1988, le PNB français a augmenté de 3,4 %, et l'emploi de 0,8 % seulement; pendant le même temps, le PNB anglais augmentait de 3,7 %, et l'emploi de 3,2 %.

L'OCDE a pu établir, en observant la longue période, le très intéressant tableau comparatif suivant (1) :

	Elasticité de l'emploi à la production		Délai d'ajustement (en trimestres)	
	1973/80	1981/87	1973/80	1981/87
France	**0,49**	**0,59**	**6,1**	**13,1**
RFA	1,29	0,80	5,7	4,0
Royaume-Uni	0,84	0,66	3,3	3,5
Etats-Unis	0,73	0,85	0,7	1,7
Japon	0,64	1,50	7,3	11,5

A court terme, l'emploi s'ajuste en France avec un retard moyen de 6 mois aux variations du PIB.

De même, sur la période 1973-91, un point de croissance du PIB génère une progression moyenne de l'emploi de :

0,1 % en France

0,2 % en Allemagne

0,17 dans l'ensemble de la CEE

0,27 au Japon

0,78 aux Etats-Unis (2).

L'existence de décalages entre croissance et emploi est logique : devant un retournement de conjoncture, les industriels vérifient la tendance avant de se lancer dans des investissements de capacité.

(1) OCDE, *Perspectives de l'emploi*, juillet 1989.
(2) *Cartes sur tables*, 1992, *op. cit.*, n° 8.

Toutefois, les différences entre la France et les autres pays ne peuvent s'expliquer que par les rigidités du marché du travail, telles que, devant un accroissement des commandes, les entreprises préfèrent accroître leur productivité par tous les moyens plutôt que d'embaucher.

Sur la période récente, ces rigidités se sont atténuées : désindexation des salaires, suppression de l'autorisation administrative de licenciement, plus grande liberté de gestion des effectifs, développement du temps partiel, flexibilité dans l'organisation du travail. Du coup, le « contenu en emplois » de la croissance est récemment passé en France de 0,1 à presque 0,3.

Toutefois, un mouvement similaire a été enregistré sur les autres pays de la CEE. La moyenne CEE est passée de 0,2 à 0,4 % d'emplois supplémentaires pour un point de croissance. De la sorte, il persiste encore un écart entre la France et les autres pays.

17 – Des créations d'emplois qui réduisent moins le chômage qu'ailleurs

Il existe traditionnellement un décalage entre créations d'emplois et réduction du chômage, principalement dû à l'évolution de la population active : si les créations d'emplois, quoique positives, sont insuffisantes pour absorber l'augmentation de la population active, le chômage ne sera pas affecté. Il pourra même peut-être continuer à croître.

C'est cette expérience désagréable qu'a vécue le gouvernement Chirac de 1986 à 1988 : alors que les créations d'emplois reprenaient fortement, le taux de chômage ne variait guère :

	1986	1987	1988
Croissance du PIB	+ 2,5 %	+ 2,2 %	+ 3,9 %
Evolution de l'emploi	− 8 500	+ 130 000	+ 210 000
Taux de chômage	10,4	10,5	10,2

Toutefois, l'ampleur du phénomène en France s'explique par deux caractères propres à notre pays, qui ont pu faire parler du « caractère structurel du chômage français » :

1. *L'inadéquation des qualifications.*

« Le chômage ne baisse pas en proportion des emplois créés car les postes offerts ne correspondent pas nécessairement aux qualifications des chômeurs existants (1). » Ce constat doit amener à poser la question de la formation des jeunes en France.

2. *La constitution d'un « noyau dur » de chômeurs.*

L'ancienneté dans la position de demandeur d'emploi éloigne les personnes concernées des préoccupations de la vie professionnelle, et la politique de l'emploi entraîne des effets pervers qui « durcissent » le corps du chômage aux effets d'une reprise.

(1) « Développer l'emploi pour réduire les inégalités sociales », *Conjoncture*, Bulletin mensuel de la Banque Paribas, juillet 1990.

***

Pour résumer les annexes 16 et 17, on pourrait dire qu'en France, il faut une croissance d'au moins :

2 % pour commencer à créer des emplois ;

3 % pour stabiliser le chômage ;

4 % pour le faire sensiblement reculer.

TABLE

DU MÊME AUTEUR
AUX ÉDITIONS ALBIN MICHEL

Lettre ouverte aux coupeurs de têtes
et aux menteurs du Bicentenaire
1989

La chienne qui miaule
1989

Notre Europe sans Maastricht
1992

La composition de cet ouvrage
a été réalisée par l'Imprimerie BUSSIÈRE,
l'impression et le brochage ont été effectués
sur presse CAMERON dans les ateliers de la S.E.P.C.,
à Saint-Amand-Montrond (Cher),
pour le compte des Éditions Albin Michel.

Achevé d'imprimer en janvier 1993.
N° d'édition : 12635. N° d'impression : 107-029.
Dépôt légal : janvier 1993.